U0137370

THE PAST DECADE
OF HUNAN

这十年 我们湖南

任晓山 ◎ 主编

张勤繁 刘骄 吴金 ◎ 著

湖南人民出版社 · 长沙

谨以此书

致敬这十年三湘大地

所有奋斗者！

致敬伟大时代！

特别鸣谢

为本书提供素材资料

和影像作品的相关单位与个人！

湖 南 省 地 图

行政区划版

图 例
◎ 省级行政中心
◎ 地级行政中心
◦ 县级行政中心
省、自治区、直辖市界
市（州）界
县（市、区）界
河流、湖泊
比例尺　1:3 000 000

审图号 湘S（2022）034号

湖南省自然资源厅 监制　湖南省第三测绘院 编制　二〇二二年四月

◆ 来源：天地图 · 湖南地理信息公共服务平台

序

党的十八大以来的十年，是中华民族发展历史上极不平凡的十年。这十年也是湖南经济社会发展和改革创新取得非凡成就的十年，是湖南城乡面貌变化最大的十年，是湖南名片擦拭最亮的十年，是湖南人民群众得到实惠最多、幸福指数不断提升的十年。

十年来，在以习近平同志为核心的党中央坚强领导下，湖南以奋进的时代跫音、强劲的发展脉搏、瞩目的伟大创造，书写着充满朝气、生机勃发的湖南答卷。

十年来，沿着习近平总书记指引的方向，湖南全面落实"三高四新"战略定位和使命任务，以"闯"的精神、"创"的劲头、"干"的作风砥砺前行、锐意进取，取得了具有鲜明特色和全局影响的跨越式发展成就。

十年，牢记嘱托感恩奋进；十年，步履铿锵春华秋实。

这十年，我们全力办好发展经济这个最大实事，推动高质量发展闯出新路子。

这十年，我们充分发挥"一带一部"区位优势，推动城乡区域协调发展迈出新步伐。

这十年，我们深入践行生态优先、绿色发展，推动"守护好一江碧水"取得新成效。

这十年，我们坚决扛牢精准扶贫首倡地政治责任，推动脱贫致富实现新跨越。

这十年，我们坚持不懈从党的光辉历史中汲取砥砺奋进的精神力量，推动全面从严治党展现新气象。

岁月年轮，十年一记；热土三湘，已然巨变。

奋楫争先，逐浪前行；非凡十年，"湘"当精彩！

目录

2

连通
天涯咫尺
117

创新
百舸争流
153

开放
扬帆远航
189

多彩
文旅绚烂
219

生态
潇湘锦绣
251

后　记
284

新时代 10 年的伟大变革，在党史、新中国史、改革开放史、社会主义发展史、中华民族发展史上具有里程碑意义。

——习近平

非凡十年

这十年很短，

对于每天东升西落的太阳来说，不过眨眼，

对于人类文明的百万年而言，只是一瞬。

这十年很长，

我们看到坚守者越来越多，奋斗者汇聚成河，

我们的获得感更满、幸福感更足、安全感更强。

这十年，源自平凡，成就非凡，

这十年，书写历史，彪炳青史。

在伟人故里，在红色热土，在锦绣潇湘，

我们守护一江碧水，标注时代新高，

我们积极拥抱世界，创造新的奇迹。

我们意气风发，砥砺奋进，

接续非凡这十年！

◆ 湖南占地面积最大的易地扶贫安置点——怀化市沅陵县太安社区 / 摄影：张桂华

◆ 长沙市梅溪湖平流雾风光 / 来源：视觉中国

1

◆ 乡恋

山乡巨变

◇ 从十八洞出发

◇ 乡村振兴全面推进

◇ 农业现代化加快步伐

◇ 美丽乡村正在行动

中国要强，农业必须强；
中国要美，农村必须美；
中国要富，农民必须富。

——习近平

乡恋

山乡巨变

党的十八大以来的十年，是湖南农村变化最大、农业发展最快、农民获得感最多、幸福感最强的时期。

　　数据显示，2012 年湖南农村居民人均可支配收入为 7440 元，2021 年增长至 18295 元，增长了 145.9%。不仅如此，从湘西到湘东，从湘北到湘南，乡间村落处处有着令人着迷的风景：蓝天白云下，田野交错间，栋栋小楼依次而建，房前屋后干净整洁，或小桥流水，或亭台楼阁，令人心旷神怡、流连忘返。漫步乡间田园，"望得见山、看得见水、记得住乡愁"，成为每个人的心灵共鸣。

　　回首这十年，湖南人民永远不会忘记这个重要时刻——2013 年 11 月 3 日，习近平总书记到湘西州十八洞村考察，首次提出"精准扶贫"方略，从此开启三湘四水、大江南北脱贫攻坚、决战决胜的伟大征程。在"精准扶贫"思想指引下，2020 年 3 月，湖南所有贫困县实现脱贫摘帽，广袤农村彻底告别绝对贫困，实现了全面"小康"的千年夙愿。

　　这十年，湖南农村特色产业蓬勃发展，乡村振兴全面推进，基层治理不断完善，农业现代化成效卓著，"天翻地覆慨而慷"成为三湘人民最真切的感受、最由衷的感叹。60 多年前，著名作家周立波以其故乡湖南省益阳市清溪村发生的故事为原型，创作了长篇小说《山乡巨变》。如今，新时代的"山乡巨变"正在三湘大地蓬勃生发、惊艳上演，展现出更为动人的"风景"。

湖南省 2012—2021 年居民人均可支配收入

元

| | 2012 年 | 2013 年 | 2014 年 | 2015 年 | 2016 年 | 2017 年 | 2018 年 | 2019 年 | 2020 年 | 2021 年 |

48000

44866

40000
41698
39842
36698
33948

32000
31284
31993
28838
29380
26570
27680

24000
24352
25241
23103
22173
21115

16000
19317
18295
17622
16585
16005
15395
14391
14093
12936

8000
11930
10993
10060
9029
8024

● 全体居民人均可支配收入 　　　　● 城镇居民人均可支配收入 　　　　● 农村居民人均可支配收入

◆ 数据来源：国家统计局

◆ 岳阳市乡村航拍 / 来源：视觉中国

◆ 怀化市麻阳苗族自治县栗坪乡中寨坪村风景 / 摄影：滕树明

从十八洞出发

　　在中国脱贫史上，湘西州花垣县十八洞村是极具标志性意义的存在。2013年11月3日，习近平总书记翻山越岭、跋山涉水，到十八洞村考察调研。他走进田间地头、百姓家中，揭米缸、摸铺盖、看猪栏，与村民拉家常、话发展，首次提出"精准扶贫"重要论述，

◆ 2020年5月3日，花垣县十八洞村／摄影：龙耀湘

作出"实事求是、因地制宜、分类指导、精准扶贫"重要指示。

"精准扶贫"改变中国、改变湖南,更改变了十八洞村。几年来,沿着习近平总书记指引的方向,十八洞村真个是"换了人间"。

最根本的变化:村民富了。"山沟两岔穷圪垯,每天红薯苞谷粑。不通公路水和电,手捧金碗莫奈何。"这首苗歌唱的是早些年十八洞村人的生活。曾经的十八洞村,长期处于极度贫困状态。2013年,全村人均年收入只有1668元,贫困发生率高达57%,集体经济一片空白。"吃住不用愁,衣着有讲究;增收门路广,票子进衣兜;天天像赶集,往返人如流;单身娶媳妇,日子乐悠悠。"同样是一首苗歌,唱的却是十八洞村如今的甜蜜和幸福。多条增收渠道让村民腰包鼓了起来,2021年,全村人均收入增加至20167元,村级集体经济收入达到268万元。

最明显的感受:环境美了。十八洞村是一个苗族自然村,由梨子、竹子、飞虫、当戎四个苗寨组成。曾经的十八洞村,基础条件差,没有自来水,生活环境十分艰苦。现在的十八洞村,通过实施"三通""五改"和公共服务设施建设,村容村貌发生了巨大变化:通村道路已变成宽阔的水泥道;特色鲜明的苗族民居修葺一新,厨房清洁,厕所干净,家家喝上放心水,户户用上安全电……村民们由衷感慨:"看看现在这么好的条件,真不敢想象以前那种道路坑洼泥泞、屋子破旧矮小、厕所透风漏雨、猪仔睡在床铺下的日子。"

最可喜的进步:劲头足了。昔日的十八洞村,一无产业,二无资源，发展无望，有能力的人只能外出谋生，十八洞村陷入"贫困逼人走，人走更贫困"的恶性循环。那时的村民"等靠要"思想非常严重，人心不齐、自由散漫。扶贫先扶志，治贫先治根。十八洞村"两委"通过组织篮球赛、文艺晚会、苗歌会、赶秋节、鹊桥会等各种活动，将村民的心往一处拢、情往一处聚、劲往一处使。现如今，村民大都找到了自己的致富之路，不仅落后面貌发生巨变，更重要的是精神面貌焕然一新。

◆ 十八洞村进村公路入口 / 摄影：石林荣

◆ 2019 年 2 月 23 日，十八洞村村民与游客同唱《我和我的祖国》/ 摄影：龙爱青

2018 年 6 月，时任老挝人民革命党中央总书记、国家主席本扬·沃拉吉率老挝党政高层代表团来到十八洞村，探寻"精准扶贫"的中国经验。走出中国、走向世界的十八洞村，已经成为中国脱贫成果的"样本村"，标注了湖南乃至全中国贫困乡村脱胎换骨、蝶变升华的非凡历程。

湖南是"精准扶贫"首倡地，也是全国脱贫攻坚主战场之一。2013 年以来，湖南始终牢记习近平总书记殷殷嘱托，坚决落实党中央、国务院决策部署，强化"首倡之地当有首倡之为"的政治责任，坚持以脱贫攻坚统揽贫困地区经济社会发展全局，锲而不舍向绝对贫困宣战，努力走好精准、特色、可持续的发展之路，夺取了脱贫

◆ 产业扶贫——邵阳市隆回县小沙江镇形成金银花种植、采摘、加工、销售完整产业链
/ 摄影：谢文喜

◆ 邵阳市新邵县严塘镇白水洞易地扶贫搬迁集中安置点 / 摄影：田超

攻坚战的全面胜利，书写了中国减贫奇迹的湖南篇章。

至 2020 年 3 月，湖南全境 682 万农村建档立卡贫困人口全部脱贫，6920 个贫困村全部出列，51 个贫困县全部摘帽，连续三年获评全国脱贫成效考核"综合评价好"省份。"喜看稻菽千重浪，遍地英雄下夕烟。" 21 万平方公里的湖湘大地，脱贫攻坚的阳光照耀了每一个乡村角落、温暖了每一个贫困家庭。

全省脱贫群众中，356 万人发展特色产业稳定增收，鼓了荷包、富了脑袋；220 多万人外出务工脱贫，长了见识、强了技能；69.4

万"一方水土养不好一方人"的贫困群众挪出了"穷窝",搬入了幸福新生活。全省约79万名义务教育阶段建档立卡家庭子女得到精准资助,失辍学孩童再次背上了书包。解决了120.3万农村四类对象危房问题,580万农村贫困人口喝上了放心水。所有贫困人口均参加城乡居民合作医疗,208.7万贫困患者得到分类救治,曾经被病魔困扰的家庭燃起了生活的希望。106.5万贫困人口被纳入低保和特困供养保障范围,为66万名残疾人发放生活补贴、83万名残疾人发放护理补贴。11.3万人次贫困群众就地转为护林员,既守护了绿水青山、又换来了金山银山。

"一步跨千年。"从基本温饱到吃穿不愁,从不蔽风雨到住有安居,从缺医少学到全面保障,从产业匮乏到百业竞兴,湖南上下齐心、稳步推进,以决战决胜的姿态打赢了脱贫攻坚战,数百万贫困群众的命运由此改变、梦想由此实现、幸福由此成就,贫困地区更是发生了翻天覆地的变化,处处呈现出春和景明、生机盎然的美好图景。

乡村振兴全面推进

脱贫摘帽不是终点，而是新生活、新幸福的起点。当前，湖南"三农"工作重心已经历史性转向全面推进乡村振兴。

2021年5月，湖南省、市、县三级扶贫机构全部重组为乡村振兴机构并挂牌运行，在全国率先实现省、市、县三级扶贫机构重组挂牌。确定了13个乡村振兴重点帮扶县、2307个重点帮扶村和1个乡村振兴示范创建市、14个示范创建县、2371个示范创建村，全面推进乡村振兴。

强投入。2021年，湖南优化财政支出结构，调整支持重点，省本级统筹安排年度衔接补助专项资金51.3亿元，对13个省级乡村振兴重点帮扶县，每个县单独倾斜安排专项资金3000万元。持续

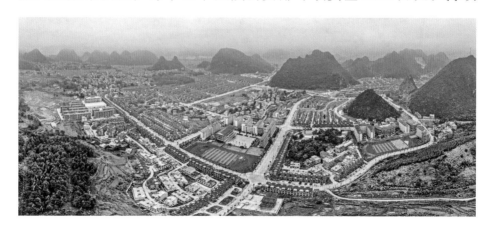

◆ 永州市江华瑶族自治县水口新镇，移民小镇拓宽乡村振兴路 / 摄影：李忠林

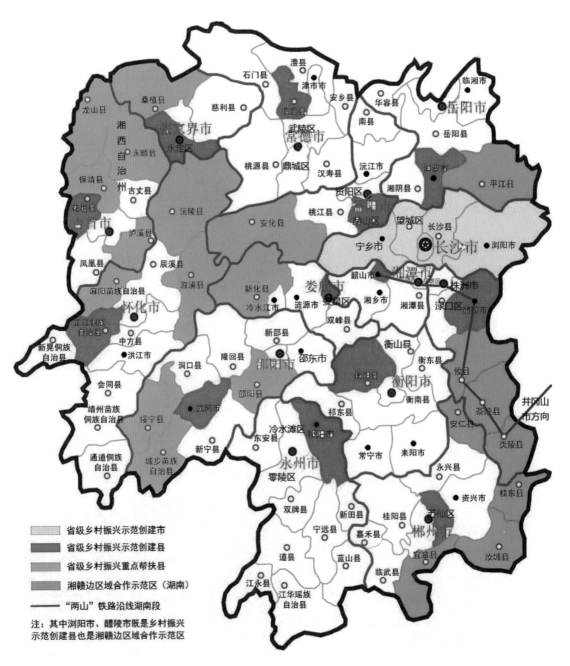

◆ 湖南省乡村振兴县建设图 / 资料来源：《湖南省"十四五"农业农村现代化规划》

推进脱贫地区产业发展，以"六大强农"行动为引领，推动脱贫地区产业融入全省百千亿级特色主导产业发展，继续安排省级重点产业项目资金5亿元，新增发放小额信贷34亿元。

防风险。湖南建立"省统一部署、市县每年2次集中排查"和"行业部门每月定期排查，乡村日常排查"的纵向到底排查机制。在全国率先创建省级防返贫监测与帮扶管理平台，推行监测预警信息化管理，做到早发现、早干预、早帮扶。截至2021年底，全省共识别监测对象32.3万人，全面制定了帮扶措施，防范化解了一批潜在风险矛盾。

美环境。湖南启动实施新一轮农村人居环境整治提升五年行动，加快推进"多规合一"村庄、县级国土空间规划编制，对有条件、有需求的村庄实现规划全覆盖。统筹推进村庄清洁行动、农村垃圾处理、污水治理、"空心房"整治、村容村貌提升工程，加快"千村美丽、万村整治""万企兴万村""同心美丽乡村"建设，创建了一批美丽乡村、秀美屋场、五美庭院。乡村越来越美，老百姓增收之路也越来越宽广。

站在迈向第二个百年奋斗目标的新征程上，湖南正按照党中央战略部署，紧紧围绕"产业兴旺、生态宜居、乡风文明、治理有效、生活富裕"的总要求，坚持以人民为中心的发展思想，大力弘扬伟大脱贫攻坚精神，乘势而上、开拓奋进，接续谱写乡村全面振兴新篇章。

◆ 岳阳市平江县大力提倡土地流转，推进农业规模化经营 / 摄影：皮皮

窗口 | 武陵源旅游助力
乡村振兴

　　乡村振兴路径很多，张家界市武陵源区通过旅游带动乡村全面振兴便是成功案例。近年来，武陵源区围绕"把景区旅游效益辐射到乡村中去""把农民带进旅游产业链上来""把游客带到农户家中去""把农民带到旅游致富路上来"四大路径，探索出以"四带动、四转变"为特征的旅游助力乡村振兴模式：实施核心景区带动，促进农业向旅游业转变；实施乡村民宿带动，促进农村向乡村旅游目的地转变；实施旅游企业带动，促进农民向旅游从业者转变；实施旅游产品带动，促进农产品向旅游商品转变。

　　发展乡村旅游。武陵源区充分利用秀丽的山水风景和浓厚的民俗文化，大力发展乡村旅游，让农民变成旅游从业者，实现农民区内"内循环"，抓住乡村旅游"点、线、面"布局，打造乡村旅游精品线路，推出特色民宿体验区，为当地农民提供"家门口就业"的机会，确保旅游产业发展红利有效释放、真金白银尽快"落袋"。截至 2020 年 7 月，武陵源两条乡村旅游精品线路上有特色民宿、农家客栈、农家乐 700 多家，乡村旅游产业带动 8000 多位农民就业，每年帮助农民增收逾 2000 万元。

发展农业产业。武陵源区将创新产业扶贫模式融入"创建湖南省农村一二三产业融合发展示范县"之中，建成鱼泉贡米、天子山剁辣椒、湘阿妹菜葛、武陵源头茶叶 4 个省市级产业园，培育发展省级农业龙头企业 1 家、市级农业龙头企业 11 家、农民专业合作社 76 家。

　　发展文创产业。武陵源区走文旅融合发展路子，投入资金 491 万元，引进乖幺妹土家织锦产业，产品涵盖艺术品收藏、居家装饰、服装、服饰和实用类产品等 600 多种，申请专利 122 件，累计培训土家织锦技师 1200 多人次。投入资金 410 万元，引进扶持熊风雕塑产业做大做强，流转土地 86.5 亩，打造大湘西第一个兼具人文历史价值和民俗风情的雕塑公园。

　　武陵源区演绎了经济社会质量齐升的蜕变，实现了从"养在深闺"到享誉世界、从偏僻山区到宜居宜游、从"靠山吃山"到生态优先的历史性跨越。据统计，全区农村居民人均可支配收入由 2012 年的 6465 元，增长至 2021 年的 17121 元，人民群众最大限度地享受到了旅游发展带来的红利。

张家界市武陵源区 2012—2021 年居民人均可支配收入

元

36000

2012 年 2013 年 2014 年 2015 年 2016 年 2017 年 2018 年 2019 年 2020 年 2021 年

35350

33161

32040

30000

29722

27571

25364

24000

22951

20826

19064

18000

15202

17121

15621

14384

13148

12000

12029

10985

10001

8899

7862

6465

6000

● 城镇居民人均可支配收入   ● 农村居民人均可支配收入   ◆ 数据来源：张家界市武陵源区统计局

农业现代化加快步伐

2016 年 3 月 8 日，习近平总书记到十二届全国人大四次会议湖南代表团参加审议，嘱托湖南要抓好"三个着力"，其中之一就是着力推进农业现代化。

湖南牢记习近平总书记殷殷嘱托。2016 年 11 月，省第十一次党代会作出建设以精细农业为特色的优质农副产品供应基地的决策部署，开创农业现代化新局面。

按照省委、省政府部署，发展精细农业，湖南粮猪优势只能增强、不能削弱。同时，加快打造蔬菜、茶叶、油料、水产、水果、中药材、南竹等千亿产业，精准定位"一县一特""一特一片"，破解农业区域结构趋同问题，形成特色差异互补发展局面。

此外，湖南持续实施信息进村入户工程，农民不出村，市场入眼底，"种什么、种多少"做到心中有数。下功夫补短板，大力支持冷链物流、专业市场建设，推动电子商务进村。久藏深山的靖州杨梅、瑶山雪梨、炎陵黄桃，如今只需网上订购，冷链物流配送，数小时便可抵达省会长沙。精准对接市民"餐桌"，湖南农产品告别"傻大黑粗"，变得光鲜亮丽。一只红薯十八变，土鸡分割成几十个生鲜产品进超市，东江鱼、临武鸭开发出熟食休闲系列，做足

◆ 2020年6月4日，益阳市桃江县马迹塘镇楠竹笋加工车间 / 摄影：李健

精深加工，有效拓展增值空间。

同时，湖南大力推进"品牌强农"，着力扶持公共品牌，主推地理标志产品，参展北京、上海、广州、香港、澳门等地的农博会、绿博会、食博会，"潇湘绿茶""安化黑茶""湖南茶油""湖南菜籽油"等品牌越来越响。

从"粗放"到"精细"，从传统到现代，理念一变天地宽。这几年，湖南加快推进农业现代化，打造新时代的"鱼米之乡"。2021年10月，湖南省人民政府办公厅印发的《湖南省"十四五"农业农村现代化

◆ 2022 年 4 月 11 日，长沙市浏阳市达浒镇金石村滩头蔬菜专业合作社智慧温控大棚 / 摄影：郭立亮

规划》指出，湖南将围绕农业供给质量持续升级、农业生产力水平持续提升、农业农村基础设施持续巩固、农村公共服务持续提质、农村人居环境持续改善、乡村治理能力持续强化、农村精神文明建设持续深入、农村改革持续深化、农民发展能力持续增强等目标，进一步推动以设施化、园区化、融合化、绿色化、数字化为主要特征的农业现代化和以生态宜居、治理有效、乡风文明为主要特征的农村现代化迈出新步伐。可以预见，一个农业农村更加现代化、农民生活更加幸福的新湖南正在款款向我们走来。

湖南深入贯彻习近平总书记在湖南考察时提出的"要扛稳粮食安全的重任，稳步提升粮食产能"的明确要求，坚持把"稳定发展粮食生产、保障粮食安全"作为农业农村工作的首要任务，坚决扛稳扛牢粮食安全政治责任，促进粮食稳产增产。

2020年，湖南省粮食播种面积实现恢复性增长，达到7132.1万亩，粮食产量达到603亿斤。2021年，全省粮食总产量达到614.9亿斤，创近6年新高。湖南以占全国2.8%的耕地，生产了占全国4.5%的粮食，为确保国家粮食安全贡献出湖南力量。

这个成绩的取得，得益于湖南出台支持粮食生产稳定发展的10条政策措施。2021年，湖南落实中央和省级粮食生产投入资金17.86亿元，全省各级粮食生产投入资金超过30亿元。积极防范粮食生产风险，在37个产粮大县开展水稻完全成本保险试点，在其余25个产粮大县实施水稻大灾保险试点，全省水稻保险覆盖率达到73%，高于财政部绩效目标值8个百分点。

"田长制"是湖南近年来积极探索和推行的一项耕地保护制度，通过建立耕地保护网格化监管机制，实现耕地保护责任全覆盖。2020年起，湖南利用卫星遥感技术，动态监测耕地的占补平衡情况，监测数据月调度、季小结、年总结。同时，在长株潭地区试点实施铁塔视频等实时监测手段，通过实行卫星监测，开启实时摄像头，全天候、全覆盖看紧每一块耕地。人力与技术双管齐下，确保湖南实现耕地数量保护和质量保护的有机统一。

◆ 2022 年 4 月 13 日，益阳市赫山区智慧农业育秧工厂，技术人员在观察秧苗长势 / 摄影：郭立亮

截至 2021 年，湖南已创建粮食生产省级万亩综合示范片 17 个、示范面积 26.3 万亩；创办市县级万亩和千亩示范片 853 个、示范面积 463 万亩；组织 16 个水稻重点县、20 个玉米重点县开展绿色防控示范，推广水稻代育秧、代抛插、代烘干等"十代"服务模式，全省代培管、代防治服务面积超过 3000 万亩，社会化服务惠及全省三分之一以上的农户。

2022 年 3 月 1 日，《湖南省实施〈中华人民共和国土地管理法〉办法》正式施行。这部法规顺应新时代耕地保护和人民需求，在法治轨道上切实端牢湖南人的饭碗，为全省粮食产量稳定在 600 亿斤以上打下了更为坚实的基础。

◆ 2018 年 11 月 9 日，娄底市双峰县梓门桥镇八仙村，双峰梓金农机服务农民专业合作社社员驾驶收割机抢收晚稻 / 摄影：李建新

作为农业大省，湖南共有 1500 多个乡镇，农业产业为主的占绝大多数。2019 年，湖南启动特色农业小镇建设。省级特色农业小镇按照"五有五好"标准进行遴选，即：发展有规划、功能布局好，产业有规模、示范带动好，加工有龙头、品牌形象好，三产有融合、致富效果好，建设有特色、镇域环境好。

2019 年，湖南发布首批 10 个特色农业小镇，分别是安化县黑茶小镇、浏阳市花木小镇、华容县芥菜小镇、邵东市中药材小镇、湘潭县湘莲小镇、新宁县脐橙小镇、汝城县辣椒小镇、炎陵县黄桃

◆ 2018 年 6 月 10 日，株洲市炎陵县黄桃果园，农民们正在采摘黄桃 / 来源：湖南日报

小镇、靖州县杨梅小镇、常宁市油茶小镇。2020年，新增了5个特色农业小镇，分别是长沙县绿茶小镇、湘阴县蟹虾小镇、西湖管理区牧业小镇、涟源市蔬菜小镇、南县稻虾小镇。2021年，又新增了4个特色农业小镇，分别是保靖县黄金茶小镇、长沙县种业小镇、桃江县竹业小镇、湘阴县樟树港辣椒小镇，至此全省共有省级特色农业小镇19个。

这些特色农业小镇特色明显、发展迅速、成绩突出、表现亮眼。如安化县"黑茶小镇"田庄乡以黑茶产业为基础，发展相关创意衍生品来实现茶产品的高附加值，形成了集黑茶种植、精深加工、生物科技研发以及旅游、观光、康养于一体的高端黑茶产业链群；靖州县"杨梅小镇"坳上镇围绕农耕文化、山水田园文化，探索打造"种植基地＋加工园区＋科研中心＋现代物流＋文化旅游"的杨梅产业发展新业态；华容县"芥菜小镇"三封寺镇培育出年产值近10亿元的"华容芥菜"产业；炎陵县"黄桃小镇"中村瑶族乡现有黄桃种植面积3.1万亩，可实现产业链综合收益9亿元；汝城县"辣椒小镇"泉水镇让1065户贫困群众实现了脱贫增收。

几年来，湖南特色农业小镇立足自身优势，做强主导产业，带动农民融入产业链增收，加快一二三产业融合发展，加快推进乡村振兴。统计数据显示，2020年全省特色农业小镇特色产业全产业链产值已达到291.06亿元，成为湖南农业农村现代化发展的强势引领和典型标杆。

◆ 常德市澧县澧澹街道大力发展特色农业，田野色彩缤纷 / 摄影：柏依朴

美丽乡村正在行动

农村人居环境整治，是实施乡村振兴战略的"第一仗"。近年来，湖南突出重点任务，积极推进农村垃圾治理、污水处理、"厕所革命"、村庄清洁行动等，使农村"脏乱差"现象明显改善。

农村生活垃圾处理能力逐步提高。按照以"分类减量"为基础的"户分、村收、镇运、区域处理"模式，2019 年，湖南 122 个县（市、区）全部建立了农村生活垃圾收运处置体系，建成乡镇生活垃圾收转运设施 1287 座，配备乡村环卫保洁员 12.3 万人，洞庭湖区实现乡村垃圾收集中转设施全覆盖。2021 年，全省 93.8% 的行政村对生活垃圾进行了治理，长沙县等 7 个县被评为全国农村生活垃圾分类和资源化利用示范县。

农村生活污水治理不断加强。湖南将农村水环境治理纳入河（湖）长制重点任务，率先推行以县（市、区）为基本单元的整县推进污水治理模式，推广低成本、低能耗、易维护、高效率的处理技术和工艺模式。2021 年，49.8% 的行政村生活污水得到有效治理，洞庭湖区域所有乡镇和湘资沅澧干流沿线建制镇、全国重点镇污水处理设施基本实现全覆盖。

"厕所革命"积极推进。截至 2021 年，全省累计改（新）建农村户厕 300 多万户，新建农村公厕 2000 余座，在 1300 个村庄推进农村改厕与生活污水同步治理示范。推行"首厕过关制"，得到中央农村工作领导小组办公室肯定。

村容村貌得到改善。湖南引导广大农民群众打好村庄清洁行动"春节战役""春季战役""夏季战役""秋冬战役"，开展"一拆二改三清四化"整治行动。农村道路硬化率大幅提高，"空心房"整治取得良好成效。截至 2021 年，全省建制村村庄绿化覆盖率达到 64.2%，累计创建美丽乡村示范村 6757 个，认定省级及以上绿色村庄 1.98 万个。

如今，走进美丽乡村，天空湛蓝如洗，溪水清澈见底，镇村路网交错，庭院芳香扑鼻，一幅幅现代版的"富春山居图"引人入胜、美不胜收。

◆ 怀化市靖州苗族侗族自治县新厂镇 / 来源：视觉中国

◆ 娄底市涟源市杨市镇 / 来源：视觉中国

窗口 | 美丽乡村建设的岳阳实践

　　近年来，为找准新时代美丽乡村建设的新坐标和新路径，岳阳市坚持问题导向、目标导向、效果导向，系统性开展美丽乡村建设。

　　整治"空心房"。岳阳将"空心房"整治作为美丽乡村建设的先手棋来抓，出台《农村"空心房"整治实施方案》，借助"空心房"整治这一杠杆，全面撬动规范村民建房、农村污水处理、农村垃圾治理、农村改水改厕、村庄绿化亮化和配套设施建设等，产生了"一点撬动、一线贯穿、一招总揽"的综合效应。仅 2018 年，岳阳就拆除"空心房" 1089 万平方米，腾退土地 7.7 万亩，复耕交易耕地指标 2.47 万亩。

　　规范村民建房。岳阳直面农村放任式建房难题，主动顺应群众期盼，创造性提出了机构队伍、规范审批、按图建房"三个 100%"全覆盖总体要求，实行有村庄规划、有审批手续、有示范图集、有施工管理、有奖罚措施和批前选址到场、开工放线砌基到场、竣工验收到场"五有三到场"具体措施，明确严禁占用基本农田建设、严禁在有安全隐患的地方建房、严禁"一户多宅"建房"三严禁"工作底线。同时，将规范村民建房与农村厕所革命结合起来，截至 2019 年，岳阳农村户用卫生厕所普及率达 93.8%，无害化卫生厕所普及率达 56.7%，被评为全国厕所革命工作先进单位。

创建特色小镇。 岳阳出台实施《创建农业产业化特色小镇工作方案》，科学制定农业产业业态"三有"、人居环境"三化"、基层基础"三好"9 个创建标准，以市场导向、资源整合、创建引领、打造品牌和奖补激励为抓手，确定 20 个乡镇强力启动农业产业化特色小镇创建，形成了芥菜小镇、湖鲜小镇、黄茶小镇、稻虾小镇等。

推动移风易俗。 岳阳把精神文明建设作为美丽乡村建设的重要任务来抓，系统推出一项禁令、一项行动、一项改革、一项制度"四个一"农村移风易俗整治模式，通过颁布实施禁炮限炮令、开展"刹人情歪风、治婚丧陋习、树文明新风"专项行动、推进殡葬改革、制定村规民约，全市原有 1824 个村和社区实现了移风易俗全覆盖，总体形成了文明、简朴、和善、友爱的农村社会新风尚。

通过大力推行美丽乡村建设，岳阳农村生态环境整治打好了"翻身仗"，农村产业转型升级交出了"好答卷"，农村精神文明建设跑好了"接力赛"，农村社会综合治理开创了"好局面"，农村群众生活水平迈上了"新台阶"，广大农民享受到了实实在在的改革福利。

◆ 2015 年 12 月 13 日，岳阳市岳阳县张谷英村 / 摄影：李敏

一流城市要有一流治理，
要注重在科学化、精细化、
智能化上下功夫。

——习近平

城事

百变新颜

湖南下辖 14 个市州，按区域划分，大致可分为东部的长株潭（长沙、株洲、湘潭）城市群，北部环洞庭湖区域的岳阳、益阳、常德，中部的邵阳、娄底，南部的郴州、永州、衡阳，以及西部的张家界、怀化和湘西土家族苗族自治州。

根据《湖南省国土空间总体规划（2021—2035 年）》有关城镇规划方案，湖南的城市建设发展，将以长株潭现代化都市圈为核心，"3+5"环长株潭城市群联动发展，重要区域性中心城市为节点，构建"一圈一群三轴多点"城镇空间新格局。一圈，即长株潭现代化都市圈；一群，即"3+5"环长株潭城市群；三轴，即京广、沪昆、渝长厦城镇发展轴；多点，即岳阳、衡阳两个副中心，常德、邵阳、张家界、益阳、郴州、永州、怀化、娄底、吉首等多个城市。

相较于农村的快速发展，党的十八大以来，湖南城市的变化更大、发展更快。曾有网民将城市的旧照和当下的风貌进行对比，惊喜之余更多的是感慨和感动。如今的湖南城市，栋栋高楼拔地而起，新建道路宽阔整洁，公共服务不断改善，呈现出活力与魅力并举、传统和现代交融的新气象。

放眼三湘，"网红长沙"、红色湘潭、"国际张"……每一座城市正以其独特的风格气质，吸引着八方宾客。

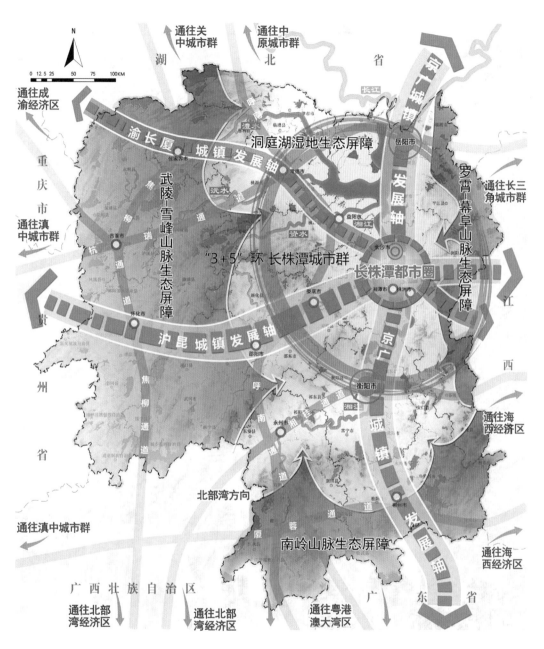

◆ 湖南省国土空间总体格局图 / 资料来源:《湖南省国土空间总体规划(2021—2035 年)》

"网红长沙"幸福定义

　　长沙历经三千余年城名、城址不变，是我国首批历史文化名城。近年来，"网红长沙"热度攀升、爆款频出，作为最富娱乐精神和网络感的城市之一，长沙彰显出非同一般、令人着迷的城市气质。

　　以前说到长沙，人们脑海中浮现的往往是岳麓山、橘子洲，而现在，更多的是茶颜悦色、超级文和友、马栏山视频文创园等。这些符号汇集成一个青春快乐、生机勃勃的城市形象，"网红长沙"已经成为各地居民来长沙游玩打卡的关键词。

　　"网红长沙"有着多样面孔。如果你钟情人文景观，可以去岳麓书院品千年书香，触摸文脉之地的赓续传承；可以到橘子洲头望湘江北去，体味青年伟人的壮志豪情；可以进湖南博物院，看一看两千年前的辛追夫人；可以登天心古阁，品一品古老长沙的斑驳历史；也可以去潮宗街、都正街，体验老长沙的市井生活。

　　如果你想感受时代的脉动，可以去看看马栏山视频文创园，了解芒果视频的新生力量；可以去看看中联重科、三一重工、山河智能，感受湖南制造的强大实力；可以去梅溪湖，感受智能驾驶、文化艺术碰撞的奇妙火花。

　　如果你是美食爱好者，长沙是名副其实的"美食之都"，从清晨的一碗米粉，到午夜火辣辣的小龙虾；从地道的"苍蝇馆子"，到"老口子"才知道的口味菜馆；更别提臭豆腐、糖油粑粑、热卤、猪油拌粉、紫苏桃子姜这些美味的街头小吃……对吃货们来说，"网红长沙"绝不会亏待你的味蕾。

曾有一则《爱长沙每一度》的短视频刷爆了长沙人的朋友圈。网友们纷纷表示："爱了，爱了""长沙，一座来了便不想走的城

◆ 长沙橘子洲 / 摄影：辜鹏博

◆ 长沙城市夜景 / 来源：视觉中国

市"……从持续多年的橘子洲烟花秀，到爱心红绿灯、粉色斑马线，"网红长沙"的每一次"发声"，都能在时下潮涌的互联网大海中，掀起一股不小的浪花。

在长沙的古街弄堂，老民居、老建筑、老风貌、老情怀被——留存，交通微循环大面积打通，网红民宿、文青书店、小资咖啡馆等星罗棋布，历史"血脉"和文化"基因"在这里相得益彰，时尚、艺术与商业在这里融为一体。长沙这座"容得下肉身，安放得下灵魂"的城市，得到广泛认同，成为年轻人心中的幸福之城、向往之城。

◆ 长沙橘子洲烟花表演 / 摄影：谢望东

老旧小区改造，一头系着民生福祉，一头连着城市发展，是一项复杂细致、千头万绪的系统工程，关系千家万户、涉及多个部门。2021年9月，湖南省人民政府办公厅印发《关于全面推进城镇老旧小区改造工作的实施意见》，明确2021年全省新开工改造城镇老旧小区3529个，涉及居民50万户，力争到2025年基本完成2000年底前建成的需改造城镇老旧小区的改造任务。

作为全国首批老旧小区改造试点城市之一，2021年，长沙实施改造城镇老旧小区374个，城镇危旧房屋改造开工630栋，惠及居民5万余户。2022年，长沙计划改造城镇老旧小区645个、危旧房屋240栋，惠及居民约9.5万户。为破解老旧小区改造难题，让改造工作顺利推进，长沙建立城镇老旧小区改造工作统筹协调机制，开展小区党组织引领的多种形式基层协商，改造前问需于民、改造中问计于民、改造后问效于民，真正实现"决策共谋、发展共建、建设共管、效果共评、成果共享"。

为推进老旧小区加装电梯，长沙市住建部门不断探索建设方式，按照"一小区一策"的模式分类推进，一大批居民告别"爬楼时代"，迈入"一键直达"乘梯入户，实现幸福感在家门口升级。2020年以来，长沙连续将既有多层住宅加装电梯列入政府十大民生实事工程。2021年，更是将加装电梯工作与党史学习教育"我为群众办实事"实践活动相结合，不断加大政策支持和资金投入，将"加梯"工作强力向前推进。长沙市住建局下发了《关于进一步做好我市既有多

◆ 2020 年 1 月 29 日，经过有机更新的长沙市天心区西文庙坪片区 / 摄影：谢望东

层住宅增设电梯工作的通知》，明确长沙市内五区增设电梯财政补贴 10 万元 / 台，自 2021 年 5 月 18 日开始施行，有效期 5 年。老旧小区加装电梯，极大改善了居民的居住条件。

与此同时，长沙还积极推进棚户区改造，实现市民的"安居梦"。"十三五"期间，全市完成棚户区改造 10.38 万户，完成面积 1376.61 万平方米，城中村改造新增启动 34 个村，完成验收 25 个村。完成白果园、省立一师范、西文庙坪、潮宗街、麓山南路、白沙液街等 15 个街区的有机更新，湘江评论印刷旧址、程潜公馆、长沙剧院、时务学堂、金九故居、九如里、梅公馆、泉嘶井等多处不可移动文物和历史建筑得以重焕光彩。国内首条历史步道示范线贯通，将老城区历史文化街区、历史地段和历史建筑串联起来，成为了彰显长沙千年历史底蕴的新名片，为"宜居宜业、慢行生活"提供了时空载体，让老城区更有长沙味，让老百姓更具幸福感。

◆ 2021 年 1 月 12 日，提质改造完成后的长沙火车站西广场 / 摄影：李健

长株潭一体化迈上新征程

长株潭一体化是历届湖南省委、省政府一以贯之推进的重大战略，是湖南人民特别是长株潭三市人民多年的期盼和夙愿。

1984年正式提出建设长株潭经济区方案，1997年开始实施长株潭一体化发展战略，2007年长株潭城市群获批全国"两型社会"建设综合配套改革试验区，2014年获批长株潭国家自主创新示范区。在几代人的接续奋斗和不懈努力下，长株潭一体化正在一步步变为现实。2021年长株潭地区经济总量达1.92万亿元，占湖南全省的42%。

2020年9月，习近平总书记考察湖南时强调，长株潭一体化发展要继续抓下去，抓出更大成效。习近平总书记系列重要讲话精神为长株潭一体化提供了根本遵循，可以说，长株潭一体化已经站在了新的历史起点上。

2020年10月，湖南省委、省政府印发《长株潭区域一体化发展规划纲要》，提出加快干线铁路、城际铁路、市域铁路、城市轨道交通"四网融合"，构建"半小时通勤圈""一小时经济圈"，共建长株潭国家物流枢纽。

"半小时交通圈"已然成型。三市从芙蓉大道、洞株路、潭州

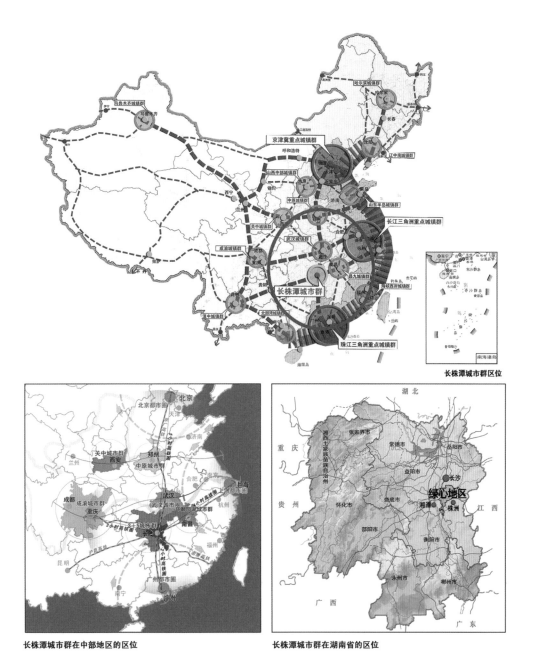

◆ 长株潭城市群区位图 / 资料来源:《长株潭城市群生态绿心地区总体规划(2010—
2030)(2018 年修改)》

大道快速化改造和长株潭轨道交通西环线等项目建设着手，强力推进交通融合。随着各条干线公路的交会贯通，一个涵盖高铁、城铁、高速、城际快速路、公交、航道的立体交通网络在三市之间加速形成。

老百姓办事更便捷更舒心。三市在社会保障、医疗、教育、文化、旅游等方面不断深化合作，让群众享受到融城带来的便利和实惠。三市全面实现异地就医即时结算，养老社保关系即时转移和社会保障实体卡三市通办。三市联合签订了医保"同城同结算、同城同年限、同城同定点"发展合作协议，实现城镇职工医保实际缴费年限和视同缴费年限互认，共同确认了226家医疗机构、34家门店作为

◆ 长株潭城际铁路连通三市 / 来源：视觉中国

共同认可的定点，实现了异地联网结算和直接刷卡结算。三市联合参加长三角、珠三角城市群文化旅游推广活动，组织开展三市互推3A级以上景区、精品旅游线路、文化旅游产品等活动。三市图书馆、文化馆、博物馆等公共服务设施共建共享不断推进，省会"四大名校"教育资源延伸到了株洲、湘潭，两市居民在家门口就能上名校。

强化协同互补错位发展。重点围绕长沙"创新谷"、株洲"动力谷"、湘潭"智造谷"建设，加快长株潭产业协同发展。三市联合签署《长株潭知识产权运用和保护合作协议》，确定三市在执法协作、调解咨询、宣传培训等方面开展合作交流，以长沙知识产权保护中心为基础，从维权援助、知识产权纠纷多元化解等方面提供共享服务。三市联合签署《长株潭城市群公共资源交易市场一体化发展合作协议》，常态化开展远程异地评标。三市交易中心均完成电子服务平台上线，实现保险保函和银行保函电子化，累计为企业减少资金占用近30亿元。制定《落实长株潭产业协同"四清单"工作方案（2020年）》，三市共同向社会发布第一批"四清单"名单。依托三市大数据中心平台，共同构建连接政府、银行、协会、供应商、采购商厂家、分销企业、零售企业等多元主体的一体化综合供应链"云"服务平台。

共护共享蓝天碧水净土。早在2003年，湖南就正式提出"绿心"概念。随后"绿心"保护被列入长株潭两型社会建设顶层设计范畴。现在，面积500多平方公里的长株潭绿心，已成为世界上最大的城市群绿心。三市联合出台了统一的绿心地区生态公益林补偿标准，并联合推出绿心地区森林防火、有害生物防治、森林资源联合执法、水污染联防联治、大气污染联防联控等机制。三市制定了长株潭城市群秋冬季大气污染联防联控专项交叉执法检查工作方案，开展交叉执法检查。三市河长办铺排实施"长沙一江一湖六河""株洲一江八港""湘潭一江两水一库"综合治理项目，不断强化协调调度和督办考核，进一步加大水污染联防联治力度。

◆ 2020 年 8 月 14 日，夕阳下的岳麓山、湘江、橘子洲与长沙城交相辉映
/ 摄影：辜鹏博

2021 年发布的《长株潭一体化发展五年行动计划（2021—2025年）》进一步明确，将在规划同图、设施同网、三市同城、市场同治、产业同兴、生态同建、创新同为、开放同步、平台同体、服务同享的"十同"行动上下功夫，实现长株潭"一张蓝图管全域"。2022 年 2 月，国家发改委批复同意《长株潭都市圈发展规划》，明确将在体制机制创新、重大项目建设等方面给予积极支持。我们相信，各方加持、万众瞩目，长株潭城市群一定会前景广阔、未来可期。

区域发展格局加快构建

2020 年 12 月，湖南省委十一届十二次全会首次提出，加快构建"一核两副三带四区"区域经济发展格局。具体来说，"一核"，就是大力推进长株潭区域一体化，打造中部地区崛起核心增长极，带动"3+5"城市群发展；"两副"，就是建设岳阳、衡阳两个省域副中心城市，支持岳阳建设长江经济带绿色发展示范区，支持衡阳建设现代产业强市；"三带"，就是建设沿京广、沪昆、渝长厦通道的三大经济发展带；"四区"，就是推动长株潭、洞庭湖、湘南、湘西四大区域板块协调联动发展。

做强"一核"。 自 1997 年实施长株潭一体化发展战略以来，历经 20 余年的探索，长株潭三市以占湖南全省 1/7 的国土面积、22% 的人口，创造了 40% 以上的经济总量和财政收入。《长株潭区域一体化发展规划纲要》提出，到 2035 年，长株潭区域一体化发展格局全面形成，城乡区域发展差距和居民生活水平差距显著缩小，基本公共服务均等化基本实现，基础设施互联互通全面实现，人民生活更为富裕，现代社会治理格局基本形成，成为中部地区领先、具有国际影响力的现代化城市群。

做大"两副"。 选择建设的岳阳、衡阳两个省域副中心城市，

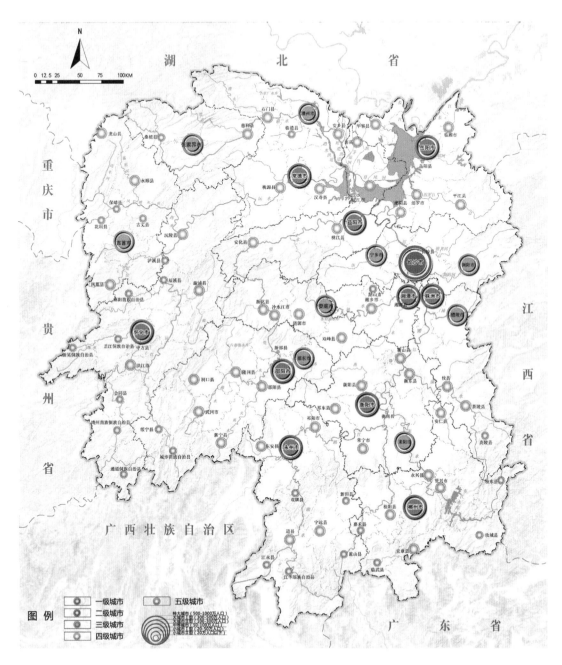

◆ 湖南省城镇体系布局规划图 / 资料来源：《湖南省国土空间总体规划（2021—2035 年）》

地域分布上很有特点，一个在湘北，一个在湘南。岳阳地处长江沿江综合运输通道与京广综合运输通道的黄金节点和湘、鄂、赣三省接合部，具备"承东启西、联南接北"的区位优势，在全省发展格局中具有举足轻重的战略地位。根据实证评估，衡阳的省域副中心城市综合发育条件居全省首位，显著优于其余地市，且具备潜在辐射范围广的客观排他性优势，是湖南建设省域副中心城市的首选。

做优"三带"。 一条交通大通道就是一条经济大通道。湖南依托"一带一部"区位优势，向北共建长江经济带，向南承接粤港澳大湾区产业转移，向东对接长三角一体化，向西与成渝地区双城经济圈密切协作，向西南对接西部陆海新通道。建设沿京广、沪昆、渝长厦通道的三大经济发展带，将极大推动长三角、粤港澳大湾区、成渝城市群等地区的资金、技术、管理、人才资源进一步汇聚于湖南，助力湖南加速转型升级。

做好"四区"。 长株潭、洞庭湖、湘南、

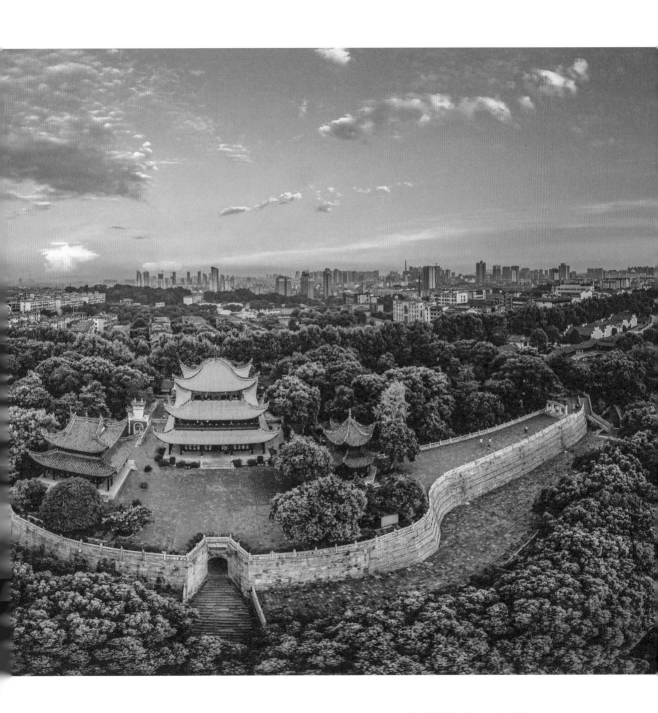

◆ 岳阳城市航拍 / 来源：视觉中国

◆ 衡阳城市航拍 / 来源：视觉中国

湘西四大板块鼎足而立，呈现出明显的空间层次与发展梯次。早在 2011 年，湖南省第十次党代会就作出部署，要求实施区域发展总体战略，加快环长株潭城市群提质和产业升级，加快建设洞庭湖生态经济圈，推动湘南加速崛起，加大大湘西开发开放力度。湖南"十四五"规划进一步强化"四区"概念，要求推动长株潭、洞庭湖、湘南、湘西四大区域板块协调联动发展。四大板块各有侧重，长株潭的关键词是创新，全力打造中部地区崛起的核心增长极；洞庭湖的关键词是生态，全面融入长江经济带发展；湘南的关键词是开放，加速产业转移，对接粤港澳大湾区；湘西的关键词是绿色，在保护与发展中探索新路径。四大板块协调联动，最终实现区域均衡发展。

旅游城市闪耀三湘

"潇湘月浸千年色，梦泽烟含万古愁。"党的十八大以来，湖南城市发展十分迅速，不仅是在经济上，旅游方面也发展得很好，成为境内外游客纷纷向往的旅游目的地和度假胜地。

最令人称道的是长沙。长沙有烟火之气。"600元代购一杯奶茶""吃顿饭排号上万桌"……时不时上一回热搜、每逢假期就在朋友圈刷屏的长沙网红美食，正吸引越来越多的人前来打卡。"喝茶颜悦色，逛吃文和友，品尝网红湘菜"的安排，几乎会出现在每一位长沙游客的行程里。长沙有红色之旅。长沙就像一座没有围墙的红色博物馆。橘子洲，横贯江心，绵延十余里，集"生态、文化、旅游、休闲"于一体，每逢节假日还有音乐焰火晚会相迎。岳麓山，文化底蕴深厚，麓山寺之古、岳麓书院之深、云麓宫之清，让无数游人流连忘返。还有湖南博物院、第一师范、宁乡花明楼等，亦是游客们的打卡胜地。长沙有浪漫之姿。爱心红绿灯、粉色斑马线、梦幻地铁站、七夕定制口罩……无不让人感受到长沙的爱意与温暖。"热情、火辣、舒适、惬意"，是长沙带给游客最真切的体验和感受。国务院印发的《"十四五"旅游业发展规划》显示，长沙已被列入"建设旅游枢纽城市"名单。

◆ 2020 年 12 月 31 日，长沙市黄兴路步行街上的
大长沙美食城寨人头攒动/摄影：羽尘 VISION

张家界是闻名遐迩的国际旅游城市。境内集"山峻、峰奇、水秀、峡幽、洞美、林翠"于一体，风致天成，冠绝天下，有"大自然的迷宫""天然博物馆、地球纪念物"之誉。张家界先后开发各类景区景点300多个，其中武陵源风景名胜区先后获得了中国第一个国家森林公园、中国首批世界自然遗产、中国首批世界地质公园、国家首批5A级旅游景区、全国文明风景旅游区、"张家界地貌"命名地等六张"烫金名片"，是湖南开放的窗口、迎宾的客厅、美丽的名片和旅游的龙头。国家《"十四五"旅游业发展规划》显示，张家界上榜"建设重点旅游城市"名单。

衡阳正阔步迈向"世界级文化旅游目的地"。衡阳历史悠久、山水优美，以石鼓书院为代表的人文景观与以南岳衡山为代表的自然景观遍布。夏明翰故居、王船山故居、罗荣桓故居、水口山工人运动陈列馆等众多红色文化旅游景点，成为广大游客缅怀革命先烈、传承革命精神、弘扬爱国主义的主阵地和湖南红色旅游的主角，吸引了一大波游客慕名前来参观游览。2022年春节小长假，衡阳22家旅游景区接待游客累计达34.92万人次，实现营业收入2312.97万元。

中国优秀旅游城市湘潭，因盛产湘莲而别称"莲城"，又称"潭城"，是湖湘文化的重要发祥地、中国红色文化的摇篮，有"小南京""金湘潭"之美誉。"湘中灵秀千秋永，天下英雄一郡多"，湘潭伟人巨匠灿若星辰，晚清重臣曾国藩、文化名人齐白石、一代

◆ 湘西土家族苗族自治州凤凰古城夜景 / 来源：视觉中国

领袖毛泽东、开国元勋彭德怀、著名将领黄公略、开国大将陈赓和谭政等都诞生于此。名人辈出，让湘潭具有了不同凡响的亲和力和吸引力。

　　大美潇湘，明珠璀璨。常德（有桃花源、柳叶湖、夹山森林公园等）、娄底（有紫鹊界梯田、梅山龙宫、湄江风景区等）、湘西（有凤凰古城、矮寨·十八洞·德夯大峡谷、芙蓉镇等）、郴州（有东江湖、莽山、沙洲村等）等市州的旅游资源也十分丰富，发展势头喜人，前景令人看好。

智慧城市走向未来

智慧城市是以云计算、物联网、人工智能、信息挖掘等新一代信息技术为支撑的新的城市形态。自 2013 年 1 月住建部公布首批国家智慧城市试点名单以来，目前全国试点已达 290 个。湖南进入试点的 19 个地区，分别是株洲市、常德市、长沙县、永兴县、嘉禾县、安仁县、宜章县、祁阳县、澧县、汉寿县、沅江市、韶山市、津市市、岳阳市岳阳楼区、长沙大河西先导区、株洲云龙示范区、湘潭经济技术开发区、浏阳市柏加镇、桃源县漳江镇。

这些年，湖南对标内生性治理的"智慧城市"可持续发展路径，引领"智慧城市"新发展，力争打造全国标杆、全国前列的"新型智慧城市"。无人超市买物品、乘坐无人驾驶汽车出行、用无人机送快递、智能家居系统为你提前打开家用电器……这些场景几年前还停留在想象中，如今已经走入三湘人民的生活里。

通过智慧社区建设打造社区服务综合信息系统，为老百姓统一提供社区政务和公共服务，让"百姓少跑腿，信息多跑路"，让现代化城市治理体系的升级版真正成为解民忧、聚民心的社会治理升级版。为此，湖南进一步深化业务融合、数据共享、统一指挥，整合网格、城管、交通、治安、舆情等方方面面的数据资源，打破信息孤岛、数据孤岛，为营造共建共治共享的社会治理格局发挥关键作用。

依托腾讯公司的技术优势及"Wecity 未来城市"解决方案对用户的广泛触达，湖南逐步建设"城市数据大脑""互联网＋政务服务一体化平台""我的长沙——城市移动综合服务平台""智慧党建""智慧医疗""智慧医保""智慧文旅"等智慧应用项目。其中，"城市数据大脑"将打造成为具备多维敏捷感知、海量数据共享、全局实时洞察、持续迭代进化的智慧城市"智能中枢"，对整个城市进行即时分析研判、资源调配和治理服务。

在长沙，电、气、医保、公积金等，均可通过手机端查询或缴费。在"我的长沙"APP上，便民挪车、快处直赔、驾培驾考等，"应上尽上，全程在线"。公交、地铁、出租车，以及高速公路、停车场、加油站、景区，实现了移动支付和车牌扫码支付。通过"健康长沙"小程序，可实现就医全流程覆盖，包括线上预约挂号、预约检查、检查检验结果查询、就诊引导、诊间结算等。

2020 年 4 月，长沙智能汽车产业"火炬计划""头羊计划"正式施行，将以湘江新区为重点，打造智能汽车产业生态，推动技术、业态、产品、服务等联动创新，全力打造"智能驾驶第一城"。

◆ 2020 年 9 月 15 日，自动驾驶出租车在长沙市岳麓区梅溪湖大桥上平稳行驶 / 摄影：辜鹏博

窗口 | 海绵城市建设
稳步推进

　　海绵城市是指通过加强城市规划建设管理，充分发挥建筑、道路和绿地、水系等生态系统对雨水的吸纳、蓄渗和缓释作用，有效控制雨水径流，实现自然积存、自然渗透、自然净化的城市发展方式。截至 2021 年底，湖南海绵城市建设达标面积为 601 平方公里，约占全省城市建成区的 30%。

　　2015 年以来，湖南以一个国家试点（常德市）、四个省级试点（岳阳市、津市市、望城区和凤凰县）为基础，系统化全域推进海绵城市建设，在水系、公园、绿地、道路、小区、屋顶等多类型项目开展海绵城市建设探索。其中，国家试点城市常德市的海绵城市建设卓有成效。

　　柳叶湖碧波荡漾，穿紫河水流潺潺，街头公园水清景秀……从湖泊水系到公园绿地、从城市主干路到街头巷尾、从公建区到社区，常德的每一个角落都因为海绵城市建设而悄然发生变化。近年来，常德紧密结合城市建设发展实际，扎实做好海绵城市、节水城市及气候适应性城市建设有关工作，当地打开盖板、改造河堤、广种水生物、疏通河道、增加调蓄容积，修建地下管网和新型雨水泵站、截流排水口、建设生态滤池，做活"水文章"，遍置"海绵"体，一系列创新举措让常德真正成为一座会"呼吸"的城市。

◆ 常德市柳叶湖风光 / 来源：视觉中国

社区虽小，
但连着千家万户，
做好社区工作十分重要。

——习近平

笑脸

乐业安居

习近平总书记指出："必须始终把实现好、维护好、发展好最广大人民根本利益作为一切工作的出发点和落脚点，不断解决好人民最关心最直接最现实的利益问题，努力让人民过上更好生活。"党的十八大以来，湖南坚决贯彻中央决策部署，一以贯之坚守人民至上，民生福祉达到新水平。

持续办好重点民生实事，着力解决群众急难愁盼问题，民生支出占财政支出比重保持在 70% 左右；就业形势持续向好，2021 年居民人均可支配收入突破 3 万元，城乡居民收入差距不断缩小；教育事业全面发展，101 所"芙蓉学校"花开三湘，义务教育大班额基本消除，教育综合实力居全国前列；人民健康和医疗卫生水平大幅提高，二甲公立医院实现县域全覆盖，村卫生室空白村全面消除，新的生育政策全面落实，全民健身蓬勃发展，竞技体育成果丰硕；社会保障体系更加健全，基本养老保险实现城乡全覆盖，基本医疗保险参保率稳定在 95% 以上，残疾人事业得到发展，困难群众基本生活应保尽保；社会治理体系更加完善，扫黑除恶专项斗争深入推进，社会大局保持和谐稳定，平安湖南建设迈上更高水平。

十年来，湖南在民生方面谱写了一篇篇壮丽辉煌的历史诗篇，奏出了一曲曲撼人心魄的时代华章，绘就了一幅幅美好生活的优美画卷。

◆ 2021 年 11 月 16 日，永州市道县道州玉潭学校，学生们展示绘制的笑脸，
迎接"世界问候日"的到来 / 来源：视觉中国

基层治理不断创新

"党建＋网格"织就社区服务体系，"村民议事会"民主决议村里大小事，诉源治理在群众"家门口"及时解纷止争……走进社区和乡村，各种治理功能充分发挥，各类治理主体深度融合，各个治理平台充满活力。这些，都是近年来湖南加强和创新基层社会治理工作取得的实实在在的成效。

坚持党建引领。湖南稳步提升党建引领基层治理水平，在建强基层组织、配强骨干队伍、广泛发动群众方面聚焦聚力，充分发挥基层党组织的领导组织功能、宣传教育功能、管理服务功能，把党建引领嵌入基层治理各个环节。2019 年 7 月，湖南省委出台《关于全面加强基层建设的若干意见》及《规范乡镇（街道）职责权限实施方案》等 5 个配套文件，对全面加强基层建设作出系统部署，进一步促进职能、项目、资金、力量向基层下沉，不断提高基层治理能力和水平。同时，注重充分发挥党组织战斗堡垒作用和党员先锋模范作用，在中心城区、县城和有条件的乡镇、村（社区）全面推行"党建＋网格"的网格化服务管理，全面推进党员志愿者和居民代表进网格、机关事业单位在职党员驻网格、区域性党组织接网格、群团和社会组织联网格。截至 2020 年，全省已划分的 29289 个社区（村）68000多个城乡网格中，网格党支部应建尽建，每个网格均选配了一名以上的党员网格员，形成了"小网格大党建大服务"的社会治理格局。

坚持以人民为中心。湖南出台坚持党建引领推进基层公共服务（一门式）全覆盖标准化建设的指导意见，并将工作任务细化为13项具体措施、责任明确到26个省直部门。2020年，全省已建成村（社区）服务中心2.9万个，并普遍设置了党员服务、卫生计生、综合治理、社会保障等服务窗口。同时，持续推进简政放权，省委组织部指导各地将40多项便民服务事项受理权限延伸至村（社区），推动电子政务外网全面覆盖到村（社区），老年证、生育证、残疾证等高频服务事项在大多数村（社区）实现"一网受理、一站办结"。

防范化解矛盾纠纷。截至2020年，湖南已建立各级人民调解组织3.44万个，拥有专兼职人民调解员14.8万人，年均化解社会矛盾纠纷近40万件。2019年，湖南推动修订《湖南省人民调解案件"以奖代补"管理办法》，健全矛盾多元化解机制；开展"坚持发展'枫桥经验'实现矛盾不上交"三年专项行动和"四查四防化纠纷、千乡万村创四无"专项调解活动，全省共调处矛盾纠纷35.5万件；推动重大决策前置风险评估，已评估重大事项2079件；组织开展突出风险摸排化解攻坚活动，有效防范化解涉众金融、公共安全、网络安全等风险。

◆ 2019 年 10 月 14 日，怀化市通道侗族自治县芋头侗寨召开村民会议 / 来源：视觉中国

人民民主是以人民为中心的全过程民主，是保障最广大人民群众当家作主的根本政治制度安排。习近平总书记在庆祝中国共产党成立 100 周年大会上的讲话中强调："践行以人民为中心的发展思想，发展全过程人民民主。"

人民民主专政的国体、人民代表大会制度的政体、多党合作和政治协商制度、基层群众自治制度等，确保了全过程人民民主全链条、全方位、全覆盖，人民群众的意见建议在国家政策中得到了充分体现。

在湖南，各级人大代表、政协委员分散于全省的各市各地、各行各业，充分收集百姓声音。民有所呼，其有所应，他们让提案议案带着泥土的气息，把民主书写在中华大地上。比如，麻阳县人大代表谭泽勇，常年在基层调研，且上门走访的日子多选择雨天、雪天，因为只有在雨雪天气，农户们才有空待在家中；"三届省人大代表"罗芳初，珍藏着 15 个笔记本，里面写满了会议纪要、惠民政策、调研情况和帮扶方案。

全过程人民民主，不仅体现在空间的覆盖面上，还体现在时间的完成度上。人民不仅能将呼声传给代表，代表也能将回声传给人民。2021 年，省人大代表共提出建议 1574 件，省政协委员共提交提案 1008 件，均已按期办结。

全过程人民民主，起始于人民意愿的充分表达，落实于人民意愿的有效实现，其精髓在于这个"全"字，更在于"人民"二字，是对人民至上的生动实践和充分诠释。2021 年 8 月，湖南出台《湖南省人大常委会党组关于推动全省各级人大代表更加密切联系群众的实施意见》，明确提出要更加密切代表与群众的联系，畅通代表反映社情民意的渠道。2021 年，湖南省人大常委会审议通过地方性法规 13 件，审查批准设区的市、自治州地方性法规 30 件；听取和审议专项工作报告 24 件，开展法律法规实施情况检查 5 次、专题询问 2 次；作出决议决定 8 项；任免国家机关工作人员 147 人次。各级人大在立法、监督、任免、重大事项决定、代表工作中的生动实践，推动了全过程人民民主在三湘大地落地生根、开花结果。

◆ 2018 年 9 月 20 日，益阳市安化县人民法院柘溪库区"水上法庭"航行在库区水域，

该法庭是湖南首个水上移动法庭，常年为库区群众服务 / 摄影：童迪

　　基层民主制度主要是指基层群众自治组织形式及其运作方式，是人民行使民主权利、参与管理国家事务和社会事务的一种形式，是社会主义民主制度的重要组成部分。

　　基层群众自治制度包括城市居民委员会制度和农村村民自治委员会制度。在城市，湖南不断完善居民委员会协调会制度、听证会制度、评议会制度、居民来访制度、居委会工作报告制度，进一步发挥城市居民在社区治理、公共事务和公益性事业中自我管理、自我服务、自我教育、自我监督的积极性主动性。在农村，湖南进一步完善村民民主选举、民主决策、民主管理、民主监督的方式方法，提高农村公共事务、公益性事业的自我管理水平和调解民间纠纷、维护社会治安的自觉性。

　　具体来说，一是扩大有序参与，更多地吸收城乡居民参与基层事务的管理，就涉及基层群众利益的事务广泛听取居民的意见和建议；二是推进信息公开，把城乡社区管理涉及的事务尽可能地向居民公开，让每一位居民心里都有一本"明白账"；三是加强议事协商，凡涉及居民的公共事务和公益性事业，都开展议事协商，尽可能地达成一致性意见，妥善处理好各种不同意见和利益关系，维护社区和谐稳定；四是加强权力监督，对城乡社区中担负管理职责的机构和人员加强监督，调动居民参与监督的积极性，防止腐败现象的发生。

比如永顺县，在全县303个村（社区、居委会）全面推行村级事务"报告日"制度，打造基层党建制度"龙头"，稳步推进基层民主决策、民主监督、党建宣教、乡风文明和社会治理，做到事务融合、制度整合、人心聚合，真正实现让党建"龙头"舞了起来、让基层民主实了起来、让乡村生活美了起来、让村务公开亮了起来、让干群沟通畅了起来的目标，得到基层党支部和党员群众的一致肯定与好评。再比如新晃县，出台《新晃侗族自治县民主议事制度实施办法》，通过确定议题、方案公示、集体议事、公布结果、决议执行、办结反馈"六步工作法"，确保每一次民主议事会议开出成效、落到实处，有效激发了群众参政议政热情，实现了公民有序政治参与，推动了各项工作有效落实。

可以说，党的十八大以来的十年，湖南的基层民主制度不断完善，从根本上保障了人民群众的知情权、参与权、表达权、监督权。

"一件事一次办"持续深化

2019年4月9日，湖南省政府常务会议审议通过《"一件事一次办"改革工作实施方案》及首批100项"一件事一次办"事项目录表，标志着湖南正式启动"一件事一次办"改革。

"一件事"是指企业、群众需办理的一个事项，既可以是单独的"一件事情"，也可以是需到多个部门办理或多件相关的"事""一揽子事"，经过梳理整合、流程再造后，变成企业、群众眼中或窗口统一办理的"一件事"；"一次办"是指一次告知、一次表单、一次联办、一次办好，线上一次登录、一网通办，线下只进一扇门、最多跑一次。

湖南纵深推进"放管服"改革，着力打造市场化、法治化、国际化营商环境，使市场有活力、改革有品牌、服务有温度。"一件事一次办"已成为全国知名政务服务品牌，被写入党中央、国务院印发的《法治政府建设实施纲要（2021—2025年）》。

放掉环节，换来快捷。2021年2月，湖南省税务局推出深化"放管服"改革10项措施，第一条就是加快企业"进"的速度。将原来企业开办的8个涉税事项，精简整合为"领发票"和"不领发票"两类事项；新办企业可在开办环节一次性办理基础业务事项，涉税业务办理时间从 0.5 天压缩至 2 小时以内。税务事项只是湖南在各个事项办理中简化流程、放掉环节的一个缩影。自 2019 年创新推出"一件事一次办"改革以来，湖南共梳理发布约 300 件"事"，开发建设"一件事一次办"小程序，用户数已经突破 1188 万，46 个省直厅局 1600 项行政审批事项实现"掌上办"，"跨省通办"等功能同步开通，真正实现动动手指就能轻松办事。

放权赋权，实现高效。往下"放"的，还有各项职权。在此前调整、取消、下放省政府工作部门 553 项行政权力的基础上，2021 年湖南又调整行政权力和公共服务事项 508 项，调整、下放、取消行政权力 45 项。指导自贸区和园区深化"多规合一、多测合一、多评合一、多验合一"等集成式改革，有效释放了市场活力和内生动力。在湖南自贸试验区，探索推行极简审批，赋予自贸试验区省级经济社会管理权限 97 项。长沙、岳阳、郴州片区分别承接省级赋权事项 86、97、85 项，并分别赋予自贸片区市级权限 41 项、45 项、105 项。湖南在全国首次实现外国人来华工作所涉及的海关、科技、公安相关业务窗口"三窗合一"。2021 年 10 月，中国（湖南）自贸试验区外国人来华工作一站式服务中心在长沙片区落地并启动运营，极大方便了外国人来湘就业。

放下架子，让人舒心。湖南在不断提升服务能力的同时，更在服务态度上，走进了群众心中。比如，个性化服务让便民办税春风吹得更暖，除了开通网格化、点对点征纳联系交流"直通车"，湖南税务还积极开展线上"云辅导",让纳税人、缴费人随时随地了解最新税收优惠政策,实现"人在云中走、事在网上办"。如今在湖南各个市州走访企业,经常能听到这几个词:"提前服务""保姆式服务""妈妈式服务"等。对于企业全生命周期18个环节,湖南均有相关服务。湖南还在持续探索更深层次的联审联批、一网通办等服务改革,力求营造更为舒心放心的营商环境。

◆ 2021年8月30日,常德市市民中心,市民来到"一件事一次办"窗口办理相关业务 / 摄影:田超

一次告知 一次表单 一次联办 一次办好

百姓生活大变样

这十年，湖南人民的衣食住行都发生了巨大变化。以城镇居民为例，2012年全省城镇居民人均消费支出为14609元，2021年为28294元，增长了93.68%。从类别上看，2021年湖南居民人均消费支出为22798元，其中食品烟酒消费支出6737元，增长7.8%；衣着支出1329元，增长7.5%；居住支出4812元，增长8.5%；生活用品及服务支出1411元，增长9.5%；交通通信支出2891元，增长5.3%；教育文化娱乐支出3061元，增长18.3%；医疗保健支出2122元，增长4.3%；其他用品和服务支出435元，增长4.5%。这充分说明，湖南人民衣食住行各方面都在向着更高水平、更高质量提升。

一看穿着，如今更加多样、多姿、多彩，尤其是网购的方式更加普遍、选择更多。据湖南省商务厅发布的报告，2019年，全省网络零售额为2598.05亿元，排在第一位的行业品类是服装鞋帽（针纺织品），超过560亿元。

二看饮食，十年来，人们从吃饱到吃好、从吃口味到吃"颜值"，餐饮业更新迭代，湘味更加多元，惠及湖南人的舌尖。如今，食客们的寻味之旅，正在各大餐厅的美食故事中唇齿留香、回味悠长的

2021 年湖南省居民人均消费支出情况

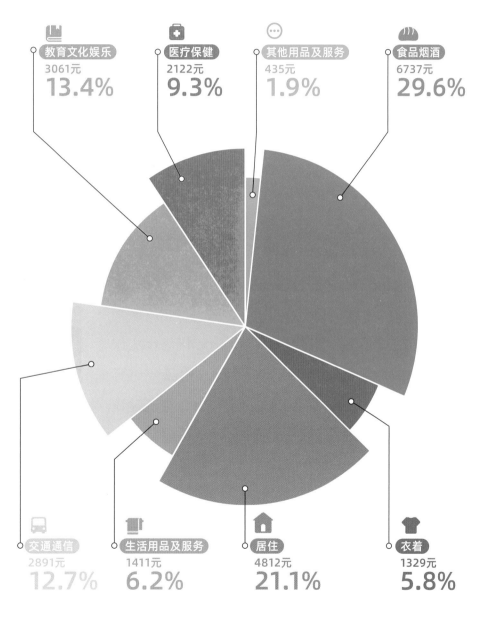

教育文化娱乐
3061元
13.4%

医疗保健
2122元
9.3%

其他用品及服务
435元
1.9%

食品烟酒
6737元
29.6%

交通通信
2891元
12.7%

生活用品及服务
1411元
6.2%

居住
4812元
21.1%

农着
1329元
5.8%

◆ 数据来源: 湖南省统计局

上演着。

三看住房，2012 年，湖南城乡居民人均住房面积分别为 40.22 平方米和 46.78 平方米，2020 年，城镇居民人均住房面积达到 51.14 平方米，农村居民人均住房面积达到 65.3 平方米。仅 2021 年，湖南就开工建设公租房 1 万套、保障性租赁住房 4.35 万套，发放公租房租赁补贴 12.4 万户。

四看出行，2012 年末湖南私人汽车保有量为 271.3 万辆，到 2021 年末这一数字增长为 963.8 万辆，意味着约每 7 个湖南人就拥有一辆私家车。不仅如此，这些年，衡阳南岳机场、邵阳武冈机场、岳阳三荷机场、郴州北湖机场等相继通航，2021 年湖南机场完成旅客吞吐量 2502.5 万人次，其中长沙黄花国际机场完成旅客吞吐量 1998.3 万人次，排名全国第 12 位、中部第 1 位。湖南境内京广高速铁路、沪昆高速铁路、张吉怀高速铁路纵横交错，高铁运营里程位居全国第 4。长沙地铁、磁悬浮、智慧公交等公共交通建设全面推进，市民出行更便捷、更舒心。

"衣食住行"里是民生，"衣食住行"里见幸福。十年来，湖南老百姓衣食住行变化之大、发展之快让人感慨良多，折射的恰是老百姓满满的幸福感和获得感。

◆ 2020 年 3 月 6 日，怀化市会同县至浙江省杭州市的务工返岗专列开行 / 摄影：张镭

| # 长沙打造
15 分钟生活圈

15 分钟生活圈，即在步行、自行车、机动车 15 分钟可达范围内，配备生活所需的基本服务功能与公共活动空间。在这个范围内可以实现幼有所育、学有所教、病有所医、老有所养、弱有所扶。

近年来，长沙在城市更新实践中，坚持以人民为中心的发展思想，从有效解决居民日常痛点出发，不断提升完善城市公共服务功能，通过推进"一圈两场三道"工作，着力一站式解决市民生活琐事，随着长沙 15 分钟便民生活圈陆续投入使用，老百姓的幸福感不断升级。

农贸市场提质改造，出门就能买到菜；小孩入托，到幼儿园只需几分钟；乘地铁＋步行，15 分钟路程内就有合适的场所，可供朋友聚会吃饭、购物、看演出；完善停车场，推进人行道、自行车道、历史文化步道建设，让出行更便捷、更愉快……长沙从住房、教育、医疗、环境、交通、娱乐、文化等各方面"滴灌"民生建设，获得了人民群众的认可和点赞。

生活在这里的人们，感受到了这座城市的温度。绽放在每个长沙市民脸上的笑容，便是"幸福"最生动的诠释。

◆ 2015 年 6 月 28 日，长沙橘子洲景区，草莓音乐节上的年轻人 / 摄影：辜鹏博

党的十八大以来，湖南聚焦群众"看病难、看病贵"难题，不断完善医疗卫生服务体系，卫生健康事业进入高质量发展阶段。全省新建、改扩建一批优质医院，医疗卫生机构总数增加到 5.57 万个，二甲公立医院实现县域全覆盖，全省每万人拥有床位数 74.90 张，每千人执业医师 2.90 人，居民健康得到进一步保障。

　　"互联网医院"线上问诊，减少跑腿优化医疗服务。经湖南省卫健委批准，中南大学湘雅医院、省人民医院、省儿童医院等 8 家

◆ 2019 年 8 月 30 日，永州市江华瑶族自治县沱江镇云梯山村卫生室 / 来源：湖南日报

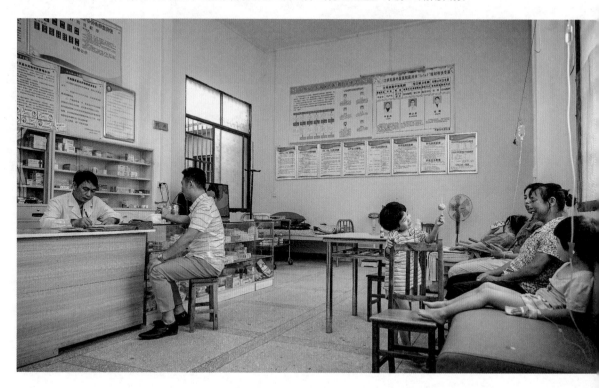

医院陆续开设了"互联网医院"，通过官微、APP 等渠道线上问诊。除了线上问诊，加快医联体建设也是湖南推进优质医疗资源下沉的重要举措，探索大小医院"组团"发展，通过专家下沉、远程会诊等方式，实现优质医疗资源的上下贯通。截至 2021 年 4 月，湖南已建立各种形式的医联体 725 个，累计覆盖医疗机构 6310 家。

致力破解"以药养医"，减轻老百姓看病负担。湖南持续深化医药卫生体制改革，全面实施药品零加成，致力破解"以药养医"难题。公立医院收入结构不断优化，医药占比 2020 年下降至 26.71%，挤掉了药品耗材价格虚高"水分"，老百姓就医负担逐步减轻。推进药品和耗材集中采购，让老百姓看得起"大病"，买得起"救命药"。目前，国家组织的五批集中采购药品，200 多种都在湖南落地实施，药价平均降幅都在 52% 以上。

截至 2021 年底，湖南全省基本医疗保险参保人数达到 6748.66 万人，大病保险集中救治病种由 2017 年的 9 种扩大至 33 种，住院费用跨省直接结算定点医疗机构达 1061 家，方便了在外务工人员及时就近看病和报销。

芙蓉学校花开三湘

2017 年 12 月，湖南省人民政府办公厅印发《湖南省贫困地区中小学校建设实施方案》，决定从 2017 年开始，每县补助省级资金 3000 万元，支持 40 个武陵山和罗霄山集中连片特困县和国贫县，建设 43 所规模适中、条件达标、风格统一、办学质量高的中小学，并统一命名为"芙蓉学校"。2019 年，省委、省政府决定，再面向国家级省级贫困县，适当兼顾义务教育大班额问题突出、教育发展均衡化程度低的县建设 57 所乡镇芙蓉学校。2020 年 9 月，省政府批准同意新增建设沅陵县明溪口镇芙蓉学校。至此，芙蓉学校建设总数达到 101 所。

历经 4 年，累计投入 97.6 亿元，2021 年秋季学期，101 所芙蓉学校全部建成并投入使用。这既是一项让更多孩子共享优质教育资源、共享人生出彩机会的惠民工程，也是湖南省委、省政府为努力实现党中央、国务院提出的中国教育现代化 2035 目标的系统思考、战略部署和生动实践。

规划设计上，芙蓉学校制定统一的建设标准，做到风格一致、标识清晰、名称统一。规模把握上，实事求是确定校舍规模、位置、装备水平，坚决防止豪华办学、搞形象工程，明确将班级规模在 36

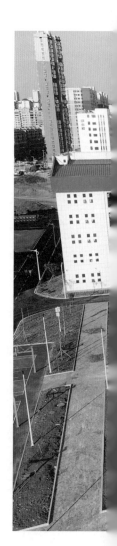

个及其以下作为奖励的必要条件。配套建设上，多渠道筹集资金，配套抓好道路交通、安全设施、校园环境等建设。

学校建设布局开放共享，配套了各种专业教室、体育馆、运动场、教师周转房等设施，并保证具备较为完善的学校应急避险功能。同时，对标湖南"教育信息化 2.0 试点省"有关要求，着力将芙蓉学校培育为"教育信息化示范校"。

◆ 2022 年 2 月 16 日，永州市新田县芙蓉学校，学生在校园里奔跑嬉戏 / 摄影：钟伟锋

建好的同时注重管理。2019 年底，湖南省人民政府办公厅专门印发《关于加强芙蓉学校建设的意见》，明确"好设计、好风格、好形象、好校长、好教师、好学生"的建设目标，全力推动芙蓉学校内涵提升。各地坚持拓宽选人用人渠道，通过公开选聘的方式，择优选配芙蓉学校校长；按照编制标准和学科要求，优先安排公费师范生、考核优秀的转正特岗教师、择优选拔的在职教师担任芙蓉学校专任教师，确保所有班级开齐开足开好国家规定课程。截至 2021 年 9 月，101 所芙蓉学校已公开选拔 94 名校长和 225 名副校长，新引进教师 5213 人，生师比全部达到国家规定标准。

为快速提升芙蓉学校办学水平，湖南省教育厅牵头组织省内优质学校对口帮扶，101 所芙蓉学校已全部确定了对口帮扶学校。帮扶校通过派出管理人员、输出办学理念、开展送培送教等多种途径，助力芙蓉学校高起点办学，提高办学质量和管理水平。

百朵芙蓉花儿开，三湘学生尽开颜。走进每一所芙蓉学校，人们都会为美观大气的校园所倾倒、所感动。以芙蓉学校建设为引领，湖南正下大力气推进城乡教育均衡发展，让更多农村孩子能在家门口"上好学"的愿景成为现实，为乡村振兴提供强有力的人才和智力支撑。

文化活动丰富多彩

长沙市雨花区侯家塘街道韶山路社区已连续举办了8届邻里节，成为彰显社区特色、凝聚居民力量、倡导文明风尚的一张名片；衡阳市南岳区祝融街道连续多年举办社区文化节，开展丰富多彩的文艺活动和小区居民公约、家风家训家规、道德模范评选、环境卫生评比等活动，千余名市民群众共享一场精致的社区"文化大餐"；邵阳市大祥区城南街道茅坪社区根据居民的兴趣爱好和特点，组建了腰鼓队、健身舞队、鬼步舞队、歌艺队等，邀请专业老师培训、购买服装器材，打造了一支支拉得出来、唱得出声的队伍……

类似的情况在湖南城乡社区十分普遍。近年来，全省各地各社区都成立了综合文化服务中心，普遍设有综合活动室、阅览室、棋牌室、书画室、多功能办公室等，为各类文化活动的开展提供场所，满足居民群众的不同文化需求。同时，各社区不断创新管理形式，将文化骨干组织起来，有效整合了辖区文化资源，"文化有阵地、娱乐有设施、健身有场所、活动有保障"成为各个社区的"标配"。这些实实在在的举措，极大丰富了社区文化生活，提升了居民的幸福指数。

自2018年8月中央启动新时代文明实践中心建设试点工作以

来，湖南先后有 22 个县列入全国试点，市州层面实现了全覆盖。截至 2021 年底，全省 14 个市州、22 个国家级试点县均建立了新时代文明实践中心和"8+N"志愿服务队伍。

其中，湘潭市、衡阳市、常德市等地从组织、民政、农业等部门经费中统筹专项经费，用于加快新时代文明实践中心建设；宁乡市、衡阳县跨行业、跨部门整合书屋、敬老院、活动中心等阵地，

◆ 2016 年 10 月 21 日，长沙市开福区砚瓦池社区善孝堂老年康复中心，乐享晚年的老人在表演文艺节目 / 摄影：李健

◆ 2019 年 12 月 8 日，湖南省首届社区趣味运动会总决赛在长沙举行 / 来源：视觉中国

重点打造理论宣讲等 8 类实践平台；永州市冷水滩区成立社会组织孵化培育中心，全区注册志愿者数量占常住人口 25% 以上；醴陵市联合民营企业组建志愿服务队，开展文化惠民演出。

在志愿服务宣传宣讲方面，各地也持续创新。岳阳市"千名书记讲党课"、邵阳市"六进六入微课堂"、永州市"新时代·新思想·新永州"理论微宣讲、张家界市"5432"屋场会宣讲被央媒专题推介，引发热烈反响；益阳市赫山区"赫赫有名"、娄底市娄星区"文明讲堂"、常德市汉寿县"红广播"等百姓理论微宣讲项目，以身边人说身边事，深受群众好评。

同时，依托新时代文明实践中心建设，湖南把活动品牌策划摆在突出位置，立足地域特色特点，持续打造"雷锋家乡学雷锋""道德之乡讲道德""空中讲堂——潇湘文明实践村村响""快乐社区365"等工作品牌，推出"抗疫家书""四季同行"等志愿服务活动，引起了社会广泛关注。

几年来，湖南新时代文明实践中心建设结出了累累硕果，涌现出一批典型经验。望城区茶亭镇孕育了"雷锋窝子"现象，辰溪县、宁乡市、武冈市、武陵源区4个地方经验被列入中央文明办指导案例，韶山市、汨罗市、津市市白衣镇、汝城县沙洲村4个地方做法入选中央文明办指导丛书。

◆ 2019年3月31日，永州市宁远县举行新时代文明实践活动 / 来源：视觉中国

扫黑除恶赢得民心

自扫黑除恶专项斗争开展以来，湖南始终把打击锋芒对准人民群众反映最强烈、最深恶痛绝的涉黑涉恶违法犯罪，一批严重侵害人民群众利益、严重破坏社会生产和生活秩序的黑恶势力被摧毁，一批幕后腐败问题和"保护伞"被查处，人民群众获得感、幸福感、安全感不断提升。

2018年至2020年，3年时间，湖南共依法打掉涉黑组织160个、涉恶犯罪集团和团伙1472个，破获刑事案件12135件，缴获各类枪支269支，起诉涉黑涉恶犯罪案件2483件12822人，一审判决2202件10607人、二审判决1151件7426人，特别是长沙文烈宏案、张家界曾卫华案、益阳夏顺安案等一批重大涉黑涉恶案件审结办完，老百姓拍手称快。

扫黑除恶既是治乱的大事，也是关乎百姓"钱袋子""米袋子""菜篮子"的民生之事。在紧紧依靠群众获取线索的同时，全省各地也将群众反映最强烈、最痛恨、最急切的黑恶犯罪作为打击重点。强力整治治安乱源，组织开展全方位、立体化打击整治，一批"市霸""行霸""村霸"被绳之以法，群众身边的黑恶势力被铲除。

扫黑除恶专项斗争结束后，湖南将常态化开展扫黑除恶斗争，以更大的决心、勇气和毅力，更有针对性的措施，打击黑恶势力，惩治"保护伞"，破除"关系网"，为广大人民群众创造良好的生产生活环境，为全省经济社会发展提供坚强有力的保障。

◆ 托起明天的太阳 / 摄影：李红辉

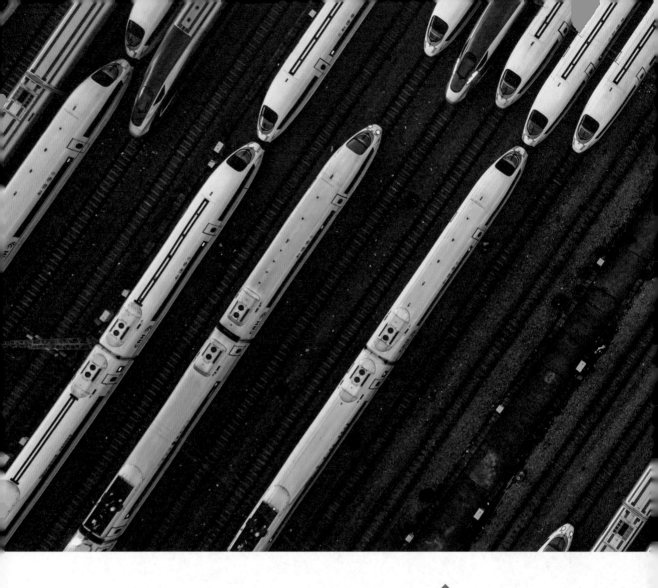

创新

百舸争流

◇ 「大国重器」的摇篮

◇ 接「轨」世界与未来

◇ 在通航领域「振翅高飞」

◇ 扼住农业「芯片」的咽喉

◇ 问鼎世界的超级计算机

◇ 「湘」拥北斗耀时空

2

连通

天涯咫尺

新中国成立以来，
几代人逢山开路、遇水架桥，
建成了交通大国，
正在加快建设交通强国。

——习近平

连通

天涯咫尺

时光丈量着脚下行稳致远的路，交通建设延伸着人们心目中的诗和远方。进入新时代以来的这十年，是湖南交通事业发展速度最快、发展成效最大、发展质量最好的十年，在投资额度、建设速度、桥梁跨度、服务力度、惠民广度等众多领域、众多层面不断刷新纪录、创造奇迹，实现了大发展大跨越。立体交通网的织就，使湖南这个三面群山环抱、一面江湖环绕的内陆省份与世界的连通更加畅达、联系愈发紧密。

网络规模稳步扩大。2021年末，湖南铁路营业里程达5909公里，其中高速铁路2250公里。公路通车里程24.19万公里，其中高速公路7083公里，实现了"县县通高速"。截至2020年，湖南水运通航总里程1.2万公里，千吨级及以上航道1211公里，千吨级及以上泊位114个。湖南获批成为全国首个全域低空空域管理改革试点省份，通用机场加快建设，已建成由长沙枢纽机场、张家界旅游干线机场以及岳阳、衡阳、怀化、常德、永州、邵阳、郴州支线机场构成的运输机场群。长沙轨道交通逐步成网，运营里程突破200公里。

通达能力不断增强。长株潭"1小时通勤圈"加速构建，全省"2小时高铁圈""4小时高速圈"基本形成，长沙"4小时航空经济圈"不断拓展。中欧班列常态化开行欧洲、中亚，开通了至东盟班列。民航通达国内外166个航点，实现五大洲直航，地级市1.5小时车程内基本可享受民航服务，引进成立了湖南航空公司。城陵矶实现近海地区直航并开通了至东盟、澳大利亚的海上接力航线。铁路、高速公路

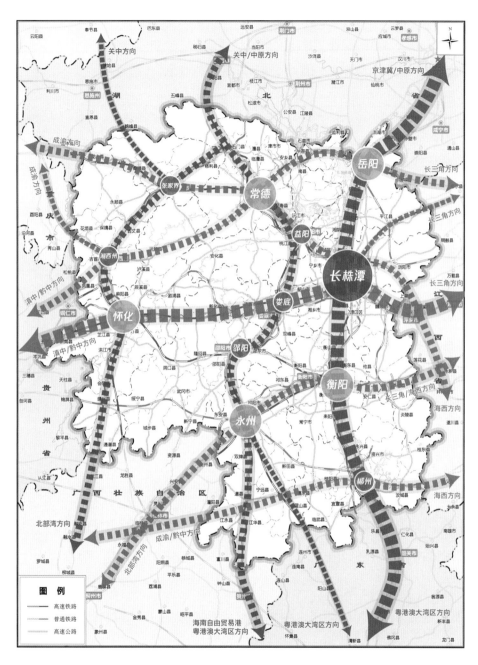

◆ 湖南省"十四五"综合运输大通道布局示意图

/ 资料来源:《湖南省"十四五"现代化综合交通运输体系发展规划》

出省通道分别达到 19 个和 25 个。长株潭芙蓉大道、洞株路、潭州大道快速化改造项目主线通车，长株潭城际轨道交通西环线加快建设。

交通方式加快融合。"零距离"换乘的综合客运枢纽加快发展，长沙南站引入 3 条轨道交通并实现空铁联运，引入高铁、地铁、磁浮等多种交通方式的长沙机场改扩建工程启动建设，以高铁站为重点的市州综合客运枢纽与公路交通、城市交通不断融合。

"四好农村路"深入实施。以县城为中心、乡镇为节点、村组为网点的农村公路交通网基本形成，实现了村村通客车、组组通硬化路，冷链物流覆盖 90% 以上的县（市、区），农村交通物流基础设施大幅改善，成为老百姓获得感最多的民生实事之一。

绿色水平持续提升。长江湖南段关停 42 个非法码头，完成 34 个码头泊位提质改造，岸线全面复绿。圆满完成主要港口岸电布局任务，并投运全国首艘 LNG 动力客船。高速公路省界主线收费站全部拆除，并网切换和收费政策调整按期完成。建成"两客"智能监管平台，实现对不安全驾驶行为事前预警、事中干预。优先发展城市公交，长沙市、株洲市获评国家公交都市建设示范城市。

打通大动脉，疏通微循环，车畅其道、货畅其流、人畅其行，"天涯咫尺任纵横"的美好蓝图已在三湘四水铺展开来。

◆ 湘西土家族苗族自治州吉首市石家寨互通，包茂高速
和永吉高速在此交会 / 来源：视觉中国

◆ 洞庭湖上三桥并架，连通了整个环洞庭湖经济圈和长江经济带 / 摄影：许理伟

高速公路高速跃进

千古百业兴，先行在交通。展开湖南交通地图，可以看到大小不等、颜色不一的各式线条纵横交错、经纬万端，犹如一幅构思巧妙、脉络清晰的水彩画。其中，高速公路网络最为浓墨重彩。

从无到有，从窄到宽，从"雨天两脚泥、晴天一身灰"的泥巴路到"畅、安、舒、美"的沥青路……湖南的公路建设与全国各地一样，不断延伸、拓展、跨越，始终保持着"在路上"的奋进姿态。1994 年以前，湖南省没有一条高速公路，全省公路交通主要依靠 7 条国道和 70 条省道承担，路网整体技术等级偏低、路况较差，通行能力严重不足。

1994 年长永高速公路通车，结束了湖南境内无高速公路的历史。2002 年临长高速公路通车，京珠、长永—长常"一纵一横"公路主骨架建成。2008 年，常吉高速公路通车，全省 14 个市州实现高速公路全覆盖。此后，湖南高速公路建设一路长歌，奔涌向前。2011 年，宜凤、随岳、道贺、潭衡西 4 条高速公路建成通车，新增通车里程 263 公里，新打通 3 个出省通道，全省高速公路通车里程达 2649 公里。从 0 到 2600 花了 17 年时间。

进入新时代，湖南高速公路建设再次提速，全面发力。从长株

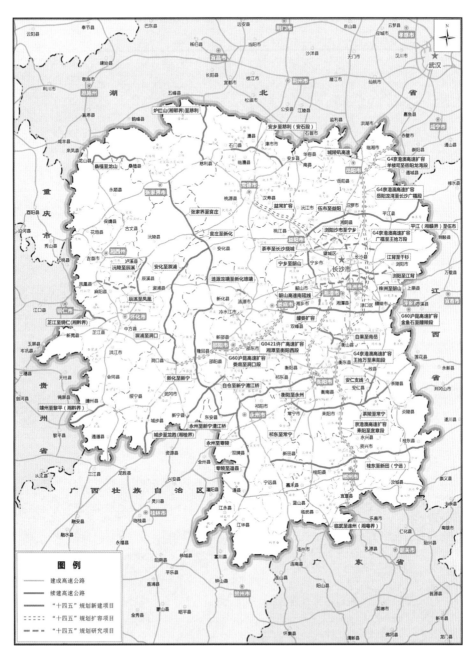

◆ 湖南省"十四五"高速公路规划示意图／资料来源：《湖南省"十四五"现代化综合交通运输体系发展规划》

湖南省 2012—2021 年高速公路里程

公里

	8000
	7000
	6000
	5000
	4000
	3000
	2000
	1000
	0

2012 年 2013 年 2014 年 2015 年 2016 年 2017 年 2018 年 2019 年 2020 年 2021 年

新增数据：1319　1116　409　159　428　339　306　77　149　132

上年末数据：2649　3968　5084　5493　5652　6080　6419　6725　6802　6951

● 当年新增高速公路里程　　　● 上年末高速公路里程　　　◆ 数据来源：湖南省统计局

潭都市圈到湘西大山深处，从洞庭湖畔到湘江源头，挖隧道、架桥梁、铺沥青，到处都是筑路的繁忙景象。2015年，湖南基本建成"五纵六横"主骨架网，全省形成了以长沙为中心的4小时高速经济圈，高速公路通车里程为5652公里。仅用四年时间，通车里程便翻了一倍多。

逢山开路、遇水架桥，打通堵点、连通断点、跨越天堑，在无数建设者的共同努力下，至2021年底，湖南高速公路通车里程达7083公里，全省122个县（市、区）已全部实现30分钟上高速，构建起"内联外通、四通八达"的交通网络。

大道畅行，筑路为民。不断延伸的交通骨干，为湖南经济社会发展注入源源不断的动力，成为沿线区域兴业富民的"硬支撑"和"快车道"。特别是近年来新建通车的高速公路，沿线连接或经过的基本都是革命老区、民族地区、脱贫地区，对于巩固脱贫攻坚成果、

助力乡村振兴、促进共同富裕具有重大而深远的意义。而且，通过连点成线，内达外畅，将有效助力区域协调发展。比如，2021年底祁常高速建成通车后，意味着华常高速全线通车，沿线的岳阳市（华容）、益阳市、长沙市、湘潭市、娄底市、衡阳市（常宁）区域连成一线，湖南"3+5"环长株潭城市群东南环加快形成，湘南地区经济联系更趋紧密，湖南对接粤港澳大湾区的通道更多，承接产业转移的范围也将更大，有效助力湖南加快融入粤港澳大湾区经济圈。

雄关漫道真如铁，而今迈步从头越。2022年，湖南将持续高质量推进高速公路建设，确保建成通车平伍、伍益、江杉、宁韶、城陵矶等5条（段）共247公里高速公路。根据"十四五"规划，到2025年湖南将全面建成"七纵七横"为主骨架的高速公路网，高速公路通车里程确保达到9000公里，力争突破10000公里，新建成6个省际高速公路通道。

◆ 穿行在群山峻岭间的高速公路／摄影：刘雅雯

◆ 长浏高速与京港澳高速交会处
/ 来源：视觉中国

"四好农村路"打开致富门

如果说高速公路是"大动脉",那么通村入户的普通公路便是"毛细血管",二者互为依托、融为一体,直接决定着一个地方交通运输事业发展水平的高低。十年来,湖南坚持以打造"四好"(建好、管好、护好、运营好)公路为统揽,将普通公路的建设和维护作为另一个"主战场",推动交通强省建设取得新进展、展现新气象,形成了"高速公路内联外畅、国省干线纵横三湘、农村公路进村入户"的对外大开放、对内大循环交通格局。

建设不遗余力。截至 2021 年末,湖南农村公路里程达 20.4 万公里,全省乡(镇)与具备条件的建制村均 100% 通硬化路面,实现通组道路全覆盖。配合全面建成小康社会这一"国之大者",湖南全力打好交通扶贫攻坚战,加大对贫困地区农村公路建设的投入力度,实现了"小康路上绝不让任何一地因交通而掉队"的承诺。据统计,全省 3.6 万个实施通组公路建设的自然村中,贫困县所辖村和非贫困县的贫困村共 2 万个。一条条道路相继完工、一道道关卡先后打通,为贫困地区打开了致富大门,贫困群众阔步迈上小康路。

管理多管齐下。农村通组公路是公路运输的"毛细血管",是畅通群众出行的"最后一公里",不仅要建设好,而且要管理好。对此,湖南大力弘扬敢为人先精神,积极创新管理的体制机制和方式方法,被交通运输部、财政部确定为"深化农村公路管理养护体制改革"省级试点区,同时争取到1个市级试点区、5个县级试点区。通过"试点先行"积累经验,继而全省推广、全面开花,全面明确了省、市、县各级相关部门的工作职责,压紧压实了县级人民政府"四

◆ 岳阳市华容县三封寺镇莲花堰村,四通八达的公路直抵田间、通组达户 / 摄影:李健

好农村路"工作主体责任，建立起了政府统筹、行业指导、部门联动、市县落实、齐抓共管的"精准细严"农村公路管理体系。特别是积极推进农村公路"路长制"，无论是城郊新农村，还是偏远老山沟，每一条农村公路都有人管理，全面畅通了乡村"血脉"，催生了乡村面貌"蝶变"。

养护智能高效。 农村公路"三分建、七分养"，特别是湖南地形以山地丘陵为主，农村公路点多、线长、面广，养护难度可想而知。针对此前因责任落实不到位、资金不足、力量不强等导致的"失

◆ 车辆行驶在通往永州市宁远县九嶷山瑶族乡的公路上 / 来源：视觉中国

管""失养"现象，湖南大胆创新管养模式，利用大数据和"互联网＋"等技术，逐步构建起涵盖省、市、县、乡、村五级，以"一朵云""一个库""一张图"为核心的智能化管养体系，实现了农村公路路况基础数据、养护工程、日常养护、危桥安防管理、养护考评、示范创建等核心业务的信息化、数字化，形成了"上下联通、因地制宜、数据共享、业务协同"的生动局面。2020年，湖南农村公路列养率达到100%，PQI中等以上比例达到86.8%，农村公路养护标准化、规范化、科学化水平不断提高，基本实现"路有所养、养必到位"。

运营惠民富民。 农村公路的效用，最终要体现到运营上。近年来，湖南逐步构建起以等级客运站、农村客运站和招呼站为节点的农村客运网络体系，并以推进城乡客运一体化示范县创建为抓手，坚持按照"集约经营、统筹规划、乡村全通、价格惠民"的思路，推动农村客运规范化、规模化、公益化经营，使老百姓出行更便捷、乘车更舒适、票价更实惠。截至2020年，全省建有农村客运站（含招呼站）2.6万个，开通农村客运线路7220条，农村客运车辆达2.1万辆，实现100%的乡镇和具备条件的建制村通客车，农民兄弟"出门水泥路、抬脚上客车"的梦想基本实现，出行难、出行贵、出行不安全的问题得到解决。同时，湖南大力推动城乡物流一体化，"快递下乡""快递进村"蓬勃发展，农村物流服务覆盖面进一步扩大，更多农产品得以飞出大山，一条条农村公路成为农村致富奔小康的金光大道。

矮寨大桥标注时代新高

　　"请到湘西来看桥！"这是新时代湘西人的骄傲与自豪。这座桥，就是曾被美国国家广播公司推荐为"十大非去不可的世界新地标"之一的矮寨大桥。自 2012 年 3 月建成通车以来，矮寨大桥一直是人们慕名前往、津津乐道的"网红"打卡地，已成为大美湘西走向世界的又一张靓丽名片。

2013 年 11 月，习近平总书记在视察矮寨大桥时盛赞："月亮不只外国的圆，这就是中国的圆月亮！"

李克强总理 2013 年出访欧洲时，将矮寨大桥建造中首创的以"轨索滑移法"为核心的桥梁建造技术与高铁技术一并在中国基础设施及装备制造展上进行了推介。

一跨惊天地，天堑变通途。这座飞越群山、凌空云端的大桥，创造了 4 个世界第一：大桥两索塔间跨度 1176 米，跨峡谷跨度世界第一；首次采用塔、梁完全分离的结构设计方案；首次采用岩锚吊索结构，并用碳纤维作为预应力筋材；首次采用"轨索滑移法"

◆ 远眺矮寨大桥 / 摄影：张术杰

◆ 蜿蜒盘旋的矮寨公路 / 来源：视觉中国

架设钢桁梁。这些第一，让世界再一次见证了"中国建造"的力量。央视热播的《辉煌中国》第一集《圆梦工程》，对矮寨大桥这一超级工程作了专门介绍。美国一著名视频网站曾这样描写矮寨大桥："宛如穿行在云端，气势雄伟，拔地通天"，给美国网友以极大震撼。

　　大桥下方，就是著名的矮寨公路。这段公路虽然只有 6.25 公里，却因修筑于水平距离不足 100 米、垂直高度 440 米、坡度为 70—90 度的大小斜坡上而被称为"公路奇观"。不堵车的情况下，车辆盘旋而上至少需要 30 分钟。而作为湖南西部出省的一条交通要道，矮寨公路车流量非常大，经常堵车，有时一堵就是大半天。矮寨大桥的修建，让跨越矮寨大峡谷的时间缩短到了 1 分钟，真可谓一个天上、一个地下。

这也是矮寨大桥为世人称颂的原因所在，它不仅雄伟壮观，而且作用巨大。大桥通车 10 年来，日均车流量从 2012 年的 0.4 万台次上升到了 1.4 万台次，游客车辆及农产品等物流运输车辆占比约

◆ 云端上的矮寨大桥 / 来源：视觉中国

为 40%。通过交通运输部门和地方政府共同探索推进的"交通 + 旅游 + 扶贫"模式，矮寨大桥打通了湘西旅游产业的"任督二脉"，带动了整个武陵山连片贫困地区的脱贫致富，是名副其实的"致富桥"。

"矮寨大桥没开通前，我们除了干农活，还要外出打工，一年赚的钱只能维持日常生活。"吉首市矮寨镇排兄村吉斗苗寨居民龙秀成一家于 2014 年因病致贫，被纳入建档立卡贫困户。矮寨大桥通车后，他在自家开起了农家乐，不用外出打工，一年就能挣 10 多万元，2016 年全家实现脱贫。"现在的日子好多了，村民们在家就能挣钱，很开心。"

矮寨大桥建成通车后，特别是近几年来，湘西的旅游收入年均增长 20% 以上，这也使其成为中国旅游经济增长最快的地区之一。大桥的观光长廊，每年能带来几千万元的旅游收入，在交通之外又创造了另外一大笔财富。交通的便利，使湘西的绿水青山真正变成了金山银山。

矮寨大桥作为国家高速公路网北南方向主干线之一包茂高速的控制性工程，不仅见证了湘西高速公路从无到有、湖南高速公路从有到强的过程，而且进一步激活了湘西地区的经济社会发展活力。矮寨大桥艰苦卓绝的建设过程，以及建成后演绎出的一个个精彩故事，使它成为一座巍峨的、催人奋进的新时代精神坐标。

矮寨不矮，时代标高！

张吉怀高铁书写新的奇迹

有这样一条高速铁路，穿行在崇山峻岭间，设计速度350千米／小时，线路全长245千米，其中桥梁162座、隧道118座，桥隧比高达90.7%，这就是2021年12月6日正式开通运营的张吉怀高铁。

张吉怀高铁建成通车，标志着大湘西步入高铁时代。这是继过境的京广、沪昆高速铁路后，湖南的第三条高速铁路，是湘西人民奔向共同富裕的康庄大道，为大美湖南、锦绣潇湘画卷又添上了浓墨重彩的一笔。这条高铁，对于改善沿线群众出行条件、促进乡村振兴、带动武陵山片区经济社会发展，推动湖南深度融入"一带一路"和长江经济带发展、构建开放大通道和区域发展新格局具有重要意义。

"最美高铁"张吉怀高铁穿行于风景如画、风情迷人的大湘西南北，串联起了武陵源、天门山、芙蓉镇、矮寨大桥、凤凰古城等众多著名景区，被誉为"黄金联络线""精品旅游线""最美乡村振兴线"。张吉怀高铁开通运营以来，正加速推进旅游名城、风情小镇、美丽乡村开发建设，推动沿线一二三产业融合发展，为大湘西及湖南的旅游业发展注入了新的生机和活力。

张吉怀高铁于2016年12月开工建设，线路穿越雪峰山脉、武

◆ 2021 年 12 月 6 日，张吉怀高铁正式开通运营 / 摄影：李健

陵山脉和沅麻盆地，沿线地质构造多样、地形地貌多变，特别是隧道工程地质及水文条件十分复杂，溶洞、落水洞等广泛分布，施工难度非常大，重难点控制工程多达"8 路 13 桥 37 隧"。建设者们五年如一日坚守"把张吉怀高铁建成精品示范工程"的信念，遇水搭桥、逢山开路，克服重重困难，在湘西大山深处创造了一个个项目建设奇迹。

乘坐张吉怀高铁，一路风景一路歌。为了实现"一站一景"，建设者们费尽了心思。站在凤凰古城站站房前，灵秀山水扑面而来。古城起伏的群山、沱江边的吊脚楼、绵延的坡屋面等站房元素，与广场景观组成"神采飞扬"的图案，呈现出"有凤来仪"的壮美景观。在喀斯特地质上修建站房很难，但最难的还是站房的装修深化、提升标准。为了把细节做到无可挑剔，站房的深化设计图前后出了近五十个版本，建设者的辛苦付出换来了旅客进出高铁站时纷纷拍照留影。

张吉怀高铁还是一条绿色铁路。酉水河湘西段是翘嘴鲌国家级水产种质资源保护区，张吉怀高铁在此实现"无害化穿越"，设计了一座主跨为292米的非对称上承式拱桥，桥梁一跨过江，与地形完美结合，桥梁两侧拱脚分别布置在山谷两侧既有道路旁，避开了陡峭的不稳定边坡段，不仅山体开挖量小，也避免了水中施工对鱼类的影响。采用5.5千米长的曲线来绕避张家界大鲵自然保护区、采用1.6千米长的桥梁跨越澧水二级水源保护区……张吉怀高铁"无害化穿越"环境敏感地段16处。

为最大限度保护生态，张吉怀高铁全线结合风土人情进行景观绿化设计，途经的环境敏感区、城镇周边的重点桥梁边坡及桥下空间，都进行了重点绿化，全线"不露黄土"。每座车站建设也充分挖掘所在地的人文、自然资源，选取特色植物，站区、工区做到了"四季常绿，三季有花"。

◆ 列车驶过衡阳市衡南县咸塘铁路枢纽 / 来源：视觉中国

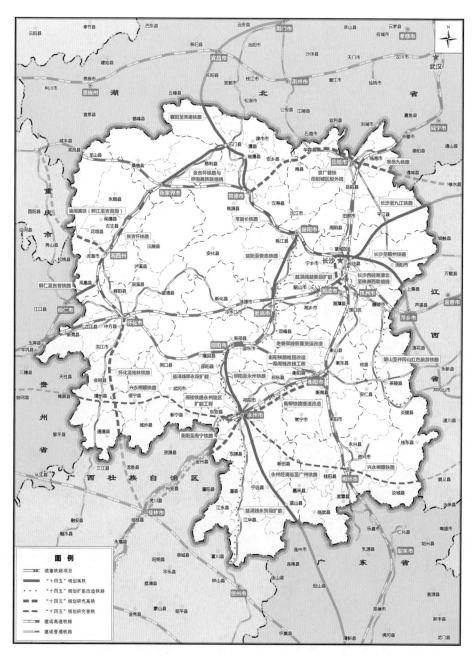

◆ 湖南省"十四五"铁路规划示意图 / 资料来源：《湖南省"十四五"现代化综合交通运输体系发展规划》

空中金桥通达四方

当一架架银色雄鹰从省会长沙、常德桃源、凤凰边城、怀化芷江、永州零陵等地腾空而起，翱翔蓝色天空、飞向世界各地的时候，期盼与世界沟通的三湘儿女，眼里总会划过一抹遥远的遐想。

十年来，湖南立足"一带一部"区域定位，大力推进现代化综合交通运输体系建设，在完善省内联通大网络、畅通区域内部微循环的同时，积极构筑通江达海的立体交通网络，民航事业乘势腾飞，取得长足发展，架起了一条又一条连通世界的"空中金桥"。

"却顾所来径，苍苍横翠微。"作为不临海、不沿边的内陆省份，湖南要走向世界，必须依靠蓝天。正是基于这样的认识和考虑，近年来湖南机场建设可谓遍地开花、好戏连台，项目一个接一个。芷江机场改扩建、张家界荷花机场T2航站楼建设、永州零陵机场提质改造、新建郴州北湖机场……都在这十年里相继上马。目前，全省共有9个运输机场、12个通用航空机场，临空经济和通航产业发展势头正劲。

邵阳是湖南人口第一、面积第二的地级市，北障雪峰之险，南屏五岭之秀，历来是东西部人流、物流的必经之地，素有"上控云贵、下制长衡"之称。改革开放以来，邵阳交通建设突飞猛进，高速、

◆ 湖南省"十四五"机场规划示意图 / 资料来源：《湖南省"十四五"现代化
综合交通运输体系发展规划》

高铁纵横交织，但一直缺一座机场，使得区位优势得不到充分彰显。2013 年 7 月国家批复同意兴建邵阳武冈机场，2017 年 6 月机场正式通航，工程项目建设用了不到 4 年时间，创造了令人惊叹的"武冈机场速度"，铸就了独具特色的"武冈机场模式"，得到国家民航局等部门的充分肯定，为我国支线机场建设提供了可供借鉴的样板，邵阳人民的"飞天梦"也由此成为现实。

长沙黄花国际机场作为湖南民航业的"龙头"，近年来也昂得越来越高、舞得越来越活。通过持续推进改扩建工程，2017 年 3 月

◆ 长沙黄花国际机场 / 来源：视觉中国

第二跑道启用，2018 年 5 月 T1 航站楼修缮改造投入使用，进入"双跑道双航站楼"运营时代。2017 年 5 月，规划面积 140 平方公里的长沙临空经济示范区获批设立，作为全国第七个、中部地区第一个国家级临空经济示范区，是长江经济带上重要的空铁联运枢纽。当前，以黄花机场为圆心，以磁浮—高铁为经、高速公路为纬，具有

机场、高铁、磁浮、高速等现代立体式综合交通运输体系的长沙临空经济示范区，已聚集了一大批临空偏好型产业，融空港、产业、城居为一体的发展格局基本形成。这必将进一步增强长沙黄花国际机场在全球航空市场的影响力和竞争力，使其成长为中部地区规模最大、辐射面最广、航空服务功能最丰富的区域性国际航空枢纽和中部地区对外开放的门户机场。

◆ 2017 年 6 月 28 日，邵阳武冈机场通航／摄影：刘和英

创新决胜未来，
改革关乎国运。

——习近平

创新

百舸争流

2020年9月，习近平总书记深入湖南考察调研，勉励湖南打造"三个高地"，即着力打造国家重要先进制造业高地、具有核心竞争力的科技创新高地、内陆地区改革开放高地，为新时代湖南发展锚定了新坐标、明确了新定位、赋予了新使命。

2021年11月，中共湖南省委书记、省人大常委会主任张庆伟在湖南省第十二次党代会上的报告中鲜明提出：把创新摆在现代化建设的核心位置，坚持"四个面向"，深化创新型省份建设，深入推进"七大计划"，使湖南成为原始创新的重要策源地、关键核心技术的重要诞生地、重大创新平台的重要集聚地、科技成果转化的重要承接地、一流创新人才的重要汇集地；深入推进"八大工程"，创建国家制造业高质量发展试验区，打造一批世界领先的产业集群、具有全球竞争力的领军企业、具有国际影响力的品牌产品、具有全国先进水平的产业园区。这是湖南对未来五年创新发展的更高追求和目标设定，也是过去十年湖南持续推进创新发展的成就彰显和信心体现。

从传统农业大省到新兴工业强省，从湖南制造到湖南智造、再到湖南创造，从实行"揭榜挂帅"制度到加快系列重大创新平台建设，从深入实施一批重大科技项目到加强基础研究，从抢占人才制高点到营造一流创新生态……党的十八大以来，湖南坚持依靠创新驱动引领经济社会发展，三湘大地一直升腾着创新的热情，续写着创新的故事，见证着创新的奇迹。

全球最长臂架泵车、最强起重能力履带起重机、硬岩隧道掘进机、"海牛"深海钻机等工程机械装备跻身全球一流水平，助力国家超级工程；中低速磁悬浮列车、IGBT 芯片等关键技术，占据轨道交通领域制高点，支撑"交通强国"建设；基于国产飞腾 CPU 的安全自助终端、自主可控高性能图形处理器等多项重点技术，打破国外垄断或填补国内空白……依靠 5G、大数据、云计算、新基建等发展起来的机械制造、航天科技、芯片产业等"高精尖"技术不断刷新全省创新谱系。

从具体指标看，这十年，湖南获得国家科技奖励的数量、发明专利拥有量和每万人发明专利拥有量连年攀升、大幅增长。全社会研发投入由 2012 年的 287.7 亿元跃升至 2021 年的 1028.9 亿元（预计数），增长 2.58 倍，跻身全国前 10。高新技术企业数量增长 5.43 倍、达 11063 家，跃居全国第 10。创新综合实力连续进位到全国第 11 位，企业创新综合指标在全国排名第 8。这些亮眼数据，展现了湖南攻克"卡脖子"难题、保障产业链创新链安全可控的科技力量，彰显了湖南保障人民生命健康、增进人民群众福祉的科技担当。

◆ 长沙岳麓山大学城 / 来源：视觉中国

◆ 2015 年 5 月 14 日，湖南科技大学研制的多用途钻机"海牛号"，在南海深海海试成功 / 来源：湖南日报

"大国重器"的摇篮

　　工程机械是实体经济大国、制造强国的基础配置。在湖南长沙，仅此一地就拥有4家全球工程机械50强企业，这是如何做到的？

　　2010年，工程机械成为湖南首个千亿产业集群，随后一路高歌猛进、翻山越岭，成长为中国规模最大、实力最强、技术水平最先进的工程机械研发制造高地。2021年5月，为期4天的长沙国际工程机械展览会成功举办，共有1450家企业参展，12万名专业观众现场洽谈交易，现场成交额突破400亿元……这份亮眼"成绩单"，展现出长沙作为"工程机械之都"的独特风采，更彰显出"装备湘军"的集聚力量。

　　百舸争流，奋楫者先。十年风雨兼程，背后是一次次壮志凌云的升级和跨越。

　　高铁列车穿山入洞、轨道地铁潜行地下，这些巨大隧道的建成，都要归功于巨型"穿山装甲"——隧道掘进机。长期以来，国内用于岩石地层的隧道掘进机非常依赖进口，这一情况在2014年得到改变。当年12月27日，拥有自主知识产权的国产首台大直径全断面硬岩隧道掘进机（敞开式TBM），在湖南长沙中国铁建重工集团总装车间顺利下线。它的成功研制打破了国外的长期垄断，填补了我国大直径全断面硬岩隧道掘进机的空白，标志着我国现代化隧道施工装备达到世界领先水平，进一步提升了我国重大装备核心竞争力。2020年1月，铁建重工研制的大直径盾构机"江浦号"成功穿越黄浦江，打破了国外盾构机在上海市场的长期垄断。

随着经济社会发展，我国基础设施建设加速推进。但在2010年以前，要完成超大型桥梁、超高层建筑中那些重达百吨的大型结构件的吊装工作，必须配置进口塔机。为改变这一局面，湖南中联重科组建塔机团队进行技术攻关，成功完成了全球最大吨位上回转塔机 D5200 的设计开发和生产制造，实现了在 200 多米高空稳稳吊

◆ 2021 年 5 月 19 日，2021 长沙国际工程机械展览会开幕 / 摄影：辜鹏博

◆ 2021 年 8 月 23 日，国产首台用于高铁海底隧道施工的泥水平衡盾构机"深江 1 号"在长沙下线 / 来源：中国铁建重工集团

起 240 吨桥梁构件的壮举。2019 年，中联重科研制的全球最大吨位内爬式动臂塔机以 120 吨的最大起重量刷新世界纪录，并实现签约销售，标志着最后一块被外资品牌垄断的建筑起重机市场被彻底攻克。2020 年全球起重机械制造商 20 强排行榜显示，中联重科起重机械销售额位列全球第三、中国第一。

挖掘机被誉为工程机械"皇冠上的明珠"，2009 年三一重工挖掘机全年销量突破 6000 台，在数量上超越全球大型工程机械制造商卡特彼勒，让人们看到了中国企业的实力和未来。2020 年，三一挖掘机销售超 9.8 万台，首次夺下全球销量冠军。2021 年，三一挖掘机销量突破 10 万台大关，再次站上世界之巅。这一耀眼成绩的背后，是三一重工十年如一日全力推动电动化、智能制造、数字化三大转型战略的坚守与奋斗。

在龙头企业的带动下，湖南工程机械产业链上下游企业乘风破浪、高歌猛进，将"工程机械湘军"这块金字招牌越擦越亮。当前，湖南工程机械产业总产值突破 2800 亿元，产品销往全球 160 多个国家和地区，并通过海外并购在全球范围内配置资源，深度参与国际分工合作。湖南已成为中国规模最大、实力最强、技术水平最先进的工程机械研发制造基地。

◆ 三一重工智能制造示范车间"18 号厂房" / 来源：三一集团

接"轨"世界与未来

2021 年，工业和信息化部公示了两批共 25 个先进制造业集群竞赛决赛优胜者名单，湖南入选 2 个，除了长沙市工程机械集群外，另一个是株洲市先进轨道交通装备集群。

株洲位于湖南省会长沙东南部 40 公里处，历史上只是湘江边一个名不见经传的普通村庄，20 世纪初株萍铁路、粤汉铁路建设开通后，这里设立了株洲火车站。新中国成立后，随着京广铁路全线贯通和湘黔铁路、浙赣铁路的兴建，株洲成为铁路枢纽，株洲站发展成为全国十大客运站和七大零担货物中转站之一，城市规模也由此迅速扩大，被人们称为"火车拉来的城市"。

株洲因火车而生，也因火车而兴。从 1958 年株洲机车厂参与研制中国第一台干线电力机车，到 1968 年我国第一代国产客货两用干线电力机车"韶山 1 型"下线、1996 年中国首台交—直—交流电传动国产电力机车下线，再到 1999 年标志着我国跨入准高速铁路运输时代的"大白鲨"投入商业运营、2000 年我国首台时速 200 公里的电力动车组"蓝箭"出厂、2001 年我国第一台具有自主知识产权的商用型交流传动电力机车"奥星"下线、2002 年"中华之星"电力动车组试验时速创下当时"中国铁路第一速"321.5 公里 / 小时、

◆ 中车株机城轨车辆厂房 / 摄影：李远灏

2010 年 CRH380AL 列车以 486.1 公里的时速刷新世界铁路运营试验最高纪录，澎湃的"株洲力量"一次次推动着中国轨道交通产业的发展进程，实现了中国高铁技术从"追赶者"到"领跑者"的华丽转身。

2013 年 7 月，株洲提出打造"中国动力谷"的战略构想，在聚集的三大优势动力产业中，轨道交通排在第一位。立足动力谷，勇攀新高峰，广大轨道交通科研工作者始终把"创新""提速"作为矢志不渝的追求，攻克了一大批关键核心技术，一系列创新成果源源不断走向全国、走出国门，成为高质量发展的强劲引擎、中国制造的闪亮名片。

◆ 2016 年 5 月 6 日，长沙磁浮快线开通试运营 / 摄影：田超

　　以株洲为"火车头"，湖南全省的轨道交通产业跑出了"加速度"。2016 年，着眼打造世界级轨道交通装备产业集群，湖南出台了 16 条政策措施。也就是在这一年，中国国内第一条自主设计、自主制造、自主施工、自主管理、拥有完全自主知识产权的中低速磁浮铁路在长沙开通运营，标志着长沙成为中国第二个开通磁悬浮的城市。

　　2017 年，为加快推进工业新兴优势产业链发展，湖南省委办公厅、省人民政府办公厅印发实施意见，从提升产业链创新能力、深化产业链融合发展、促进产业链转型升级等 6 个方面提出相关措施。

　　2018 年，湖南省委、省政府推行"一条产业链、一名省领导、一套工作机制"，大力提升先进轨道交通产业链发展水平。

2019年，轨道交通和装备制造领域唯一的国家级国际性专业展会——中国国际轨道交通和装备制造产业博览会（"轨博会"）在长沙举办，并长期落户湖南。

2020年，轨道交通行业首家国家级制造业创新中心——国家先进轨道交通装备创新中心在湖南株洲成立，重点围绕以新型储能系统、多能源混合驱动为代表的绿色节能技术等七大方向展开技术攻坚。

◆ 2020年9月15日，中车株机出口欧洲的多流制电力机车行驶在轨道上 / 摄影：辜鹏博

2021年，第二届"轨博会"在株洲举行，全球800多家企业线上线下参展参会。

目前，湖南轨道交通装备产业已形成整机制造、核心部件研制协调发展的产业集群，集聚了近400家轨道交通装备企业，形成了集产品研发、生产制造和售后服务、物流配送于一体的完整产业链，成为世界轨道交通配套最完善、最集中的区域。产业集群总体规模已达1500亿元，产品出口到70多个国家和地区，电力机车市场份额达到世界第一。轨道交通已成为湖南落实"三高四新"战略定位和使命任务的强劲引擎。

2022年3月，《湖南省先进轨道交通装备产业"十四五"发展规划》正式印发，确定了未来发展目标：到2025年，集群规模超过3000亿元，建成世界领先的轨道交通装备制造基地和具有国际竞争力的研发中心，全国最重要的轨道交通装备制造中心，全国最大的轨道交通产业服务中心，基本建成世界级轨道交通装备产业集群；到2035年，全面建成集群规模全球领先、制造能力国际一流、核心技术引领产业变革方向、全球资源交汇集聚的世界级轨道交通装备产业集群。

"惟创新者进，惟创新者强，惟创新者胜。"我们有充足理由相信，秉持创新精神、坚持创新驱动的湖南轨道交通装备产业将以更高水平、更快速度"驶向"全球、"连接"未来。

在通航领域"振翅高飞"

从"嫦娥奔月"到"万户飞天",自由飞翔是中华民族延续了几千年的梦想。自1992年我国启动实施载人航天工程"三步走"战略以来,从无人飞行到载人飞行,从一人一天到多人多天,从舱内实验到太空行走,从太空短期停留到中长期驻留……中国载人航天事业一次又一次令世界瞩目。

与浩瀚太空不断刷新"中国高度"相映成辉的,是中国通用航空产业方兴未艾、强势崛起的生动局面。在这片广袤的低空空域里,湖南航空动力产业犹如展翅大鹏,迎风而起,直冲云霄。目前,湖南中小航空发动机、轻型运动飞机国内市场占有率分别达到90%和70%以上,是全国重要的中小航空发动机研制生产基地、飞机起降系统研制基地和航空器综合维修保障基地,第四代涡轴、涡桨发动机填补国内空白,飞机起落架及机轮刹车系统进入国产大飞机配套系统。

湖南虽然地处内陆,但三湘儿女一直坚持"睁眼看世界",目光如炬向着星辰大海。在通用航空领域,湖南是国家航空航天工业较早布局的重点省份,中国第一台航空发动机、第一枚空空导弹都诞生于此。特别是这十年来,湖南结合工业新兴优势产业链行动计

◆ 2021 年 9 月 29 日，第十三届中国国际航空航天博览会上，山河通航进行飞行表演 / 来源：视觉中国

划，大力发展航空航天产业，经过多年努力，形成了较强技术沉淀和良好产业基础。

在产业体系培育方面，打造了以碳纤维及碳／碳复合材料、钛镁合金等高强轻质合金材料制造，以惯导器件、北斗芯片、机载计算机及显控设备等关键元器件制造，以中小航空发动机、飞机起降系统、直升机减速传动系统等关键分系统及通用飞机、无人机、浮空器等制造为特色的优势产业链。

在科研能力建设方面，整合了国防科技大学、中南大学、湖南大学、湘潭大学、608 所等一批实力强劲的高校和科研单位，以及长沙航院、张家界航院两大航空技能型人才培养基地，建有一批重要的国家工程技术研究中心、国家重点实验室等。

在体制机制创新方面，探索出了"天地人和"管理模式：搭建低空协同运行管理"天网"，重点解决看不见、叫不到、连不上、管不住的通航飞行安全问题；建设通航设施"地网"，重点解决通航落地难的问题，目前湖南已建成了 9 个民用运输机场和 12 个通

◆ 2022 年 9 月 1—4 日，2022 湖南（国际）通用航空产业博览会动态飞行表演在株洲芦淞机场举行 / 来源：视觉中国

用机场；构建客户服务"人网"，重点解决飞行计划、快速申报、低空空域监视等问题，提供优质的通航飞行服务。同时，加强军、地、民、高校之间的协同，重点提升低空空域管理协调能力。

好风凭借力，送我上青云。正是依托这些先发优势，2017年1月，株洲入选国家首批通用航空产业综合示范区建设名单；2019年4月，湖南航天航空产业发展座谈会在长沙召开，国家航天局与湖南省人民政府确立了一揽子合作计划，通过央地合作、局省合作支持湖南完善提升航空航天研发生产核心能力，特别是中小航空发动机、新材料等优势产品创新能力；2020年9月，湖南被确定为全国首个全域3千米以下低空空域管理改革试点省份。2021年7月，湖南出台《关于支持通用航空产业发展的若干政策》，从加快通用机场建设、鼓励新开通航航线、搭建通航创新平台、深化通航产业合作等方面提出了12条具体政策，湖南通用航空产业高质量发展进入新阶段。

扼住农业"芯片"的咽喉

2021 年 5 月 22 日，是一个令人悲痛的日子。"共和国勋章"获得者、中国工程院院士、国家杂交水稻工程技术研究中心原主任、湖南省政协原副主席袁隆平，因病在长沙逝世，享年 91 岁。

人潮、花海、泪雨……袁隆平逝世后，在长沙、在湖南，在全国乃至世界许多地方，无数人以各种方式向这位伟大的人民科学家致敬、默哀！深切缅怀他为我国粮食安全、农业科技创新、世界粮食发展做出的重大贡献，深情追思他的音容笑貌、精神品质和人格风范。

袁隆平，几乎是所有中国人都知道的一个名字。他是我国研究与发展杂交水稻的开创者，也是世界上第一个成功地利用水稻杂种优势的科学家，被誉为"杂交水稻之父"。他自 1964 年开始研究杂交水稻，一辈子躬耕田野，一次次刷新自己创下的世界纪录，保障着国家粮食安全和百姓能吃饱饭的"安全感"。从美国大农场到缅甸、菲律宾热带雨林，从印度高原到非洲大草原，全球 40 多个国家引进推广了中国杂交水稻，一粒小小的种子为世界粮食安全做出了巨大贡献。

袁隆平的创新成就属于全人类更属于湖南，他的创新精神也一直激励着许许多多的湖湘儿女向着一座又一座种业高峰攀登。自2013 年国家首次提出"建设种业强国"以来，湖南坚持"藏粮于技"思想，紧扣打造"中国种业硅谷"目标，大力开展种业关键核心技术攻关，努力向科技创新要未来，以科技创新支撑农业和粮食安全，让更多农作物装上"中国芯"。

目前，湖南不仅有袁隆平院士培养的种业创新团队，更有 8 位

◆ 2019 年 10 月 22 日，袁隆平在国家杂交水稻工程技术研究中心内的第三代杂交水稻试验基地观察稻谷长势 / 摄影：杨华峰

农业领域院士，4000多名种业科研人员，是我国种业创新尖端人才最密集的区域之一；湖南拥有杂交水稻国家重点实验室、省部共建淡水鱼类发育生物学国家重点实验室、省部共建木本油料资源利用国家重点实验室、国家耐盐碱水稻技术创新中心等农业创新平台39家，是我国农业创新平台最密集的区域之一；湖南拥有中国种业龙头企业隆平高科为代表的种业企业400余家，商业化育种规模和水平居全国第一。诞生在湖南这方创新沃土上的杂交水稻、杂交油菜、杂交辣椒、多倍体淡水鱼和油茶等市场占有率居全国第一。

2022年3月7日，岳麓山实验室集聚区项目正式开工建设。这是湖南农业科技领域的又一件大事，标志着"农业大省"湖南向着"种业强省"目标迈出了至关重要的一步。按照湖南省委、省政府的顶层设计，岳麓山实验室将着力打造生物育种科学研究、种业关键核心技术创新、重大战略品种培育、高水平种业创新人才聚集四个高地，按照"12356"的总体思路推进，即：建设1个实验室总部，统筹种植、养殖2大领域，面向动物、植物、微生物3大种业，聚焦设计育种、分子育种、杂交育种、选育、驯化5种方式，面向安全、发展、品种、育种、推广产业化6大任务开展科学研究。

山不在高，有仙则名。以历史名山"岳麓山"命名的实验室集聚区，集天时地利人和于一体，必将成长为我国种业创新领域的一座巍峨高山，在实现种业振兴、保障种业安全的伟大征程中贡献更多湖南智慧和力量。

◆ 岳麓山种业创新中心 / 来源：中国（湖南）自由贸易试验区

问鼎世界的超级计算机

在人类众多科研项目中，需要进行大量运算，比如基因测序、流体力学、自然灾害预测等，这就需要用到超级计算机。而超级计算机运算能力的强弱，直接影响着一个国家科学技术的发展。自1976年美国率先研发出全球首台超级计算机以来，世界主要科技大国一直在超算领域你追我赶，"各领风骚"三五年。

在此过程中，诞生于湘江之畔的"天河二号"超级计算机特别引人注目。"天河二号"峰值计算速度达到每秒5.49亿亿次，自2013年6月问世以来，连续6次位居国际高性能计算机TOP500排行榜榜首、5次位居HPCG排行榜榜首，是世界上首台TOP500和HPCG排行榜双料冠军，也是世界超算史上第一台实现"六连冠"的超级计算机，创造了世界超算史上连续第一的新纪录。在2019年2月召开的湖南省推进创新型省份建设暨科技奖励大会上，"天河二号"被授予2018年度湖南省科技进步奖特等奖。

这是国防科技大学"天河"团队再次创造的"中国速度"。这支生活、工作、奋斗在三湘沃土、近三分之一人员为湖湘子弟的团队，早在2009年就成功研发了"天河一号"超级计算机，峰值计算速度为1206万亿次，使我国成为继美国之后第二个能够研制千万亿

◆ 2013 年 6 月 15 日，天河二号超级计算机机房 / 摄影：何书远

次超级计算机的国家。

2016 年我国推出"神威·太湖之光"超级计算机，以每秒 12.54 亿亿次的峰值计算能力超越"天河二号"问鼎世界之巅。 2018 年美国推出一款名为"顶点"的超级计算机，拥有每秒 14.86 亿亿次浮点运算能力，成为当时全球运算速度最快的超级计算机。 同年 7 月，由国防科技大学和国家超级计算天津中心共同研发的新 一代百亿亿次超级计算机"天河三号"原型机完成研制部署，并顺 利通过项目课题验收。

超级计算机的研发和应用，既是硬件的比拼，也是软件系统的比拼。硬件方面，"天河"系列超级计算机通用CPU、加速器CPU、互连通信路由芯片和互连接口芯片等核心部件，已逐步实现国产化替代，打破了2015年美国对国防科技大学和"天河"系列超算中心的CPU禁运。软件方面，国防科技大学自21世纪初便承担起了国家"863计划"软件重大专项课题——"服务器操作系统内核"的研制任务，经过多年艰苦攻关，该校团队研制出了"银河麒麟"操作系统和相关配套软件，成功运用到了"天河"系列超级计算机中。

"亿万星辰汇银河，世人难知有几多。神机妙算巧安排，笑向繁星任高歌。"目前，"天河"系列超级计算机已部署到全国多个超算中心，在石油勘探、装备研制、生物医药、工程设计、大气海洋环境、新材料新能源等众多领域取得了一系列应用成果，为保障国家安全、促进科技进步、推动产业升级、加快经济发展做出了巨大贡献。其中，位于湖南大学的国家超级计算长沙中心于2014年投入运营，持续为广大用户提供高性能计算、云计算、大数据及其他综合性服务，资源使用率达85%以上，处于饱和运行状态，被誉为湖南加快推进数字产业化和产业数字化、打造数字经济新优势的"超强大脑"，为加快建设数字湖南、数字政府、数字社会，让数字文明造福全省人民提供着重要支撑。

"湘"拥北斗耀时空

　　江河奔涌向大海，满天星辰参北斗。2020年6月23日，随着北斗三号GEO-3卫星成功发射，我国北斗卫星导航系统建设项目圆满完成，星阵已列，全球"天网"成功织就。北斗卫星导航系统作为全球第三个成熟的卫星导航系统，可在全球范围内全天候、全天时为各类用户提供高精度、高可靠定位、导航、授时服务，并且具备短报文通信能力，具有广阔应用空间。

　　作为建设北斗系统这一"国之重器"的深度参与省份，湖南一直是北斗技术创新的核心策源地。在北斗系统26年建设历程中，涌现出一大批湘籍航天领军人物，其中北斗卫星导航系统总设计师杨长风，就是湖南南县人。国防科技大学1994年就组建了北斗团队，完整见证北斗系统建设全过程，为北斗系统研发了众多核心系统、突破了数十项关键核心技术，覆盖北斗测量、通信、仿真、芯片等各个研究板块，聚集了国内北斗产业多项核心技术资源，在北斗三号系统建设中发挥了"主力军"和"国家队"的作用。

　　参与建设功不可没，产业开发也风生水起。2021年9月16—17日，以"北斗服务世界，应用赋能未来"为主题的首届北斗规模应用国际峰会在湖南长沙举行。

◆ 2015 年 1 月 27 日，北斗全球卫星导航系统地面通信关键技术攻关
/ 摄影：何书远

◆ 2021 年 9 月 16 日，首届北斗规模应用国际峰会在长沙开幕，观众参观北斗卫星导航系统模型 / 摄影：杨华峰

此次峰会是北斗系统发力产业开发的新起点，也是湖南深度参与北斗产业开发的冲锋号。峰会开幕式上，湖南省人民政府、国防科技大学、中国电子信息产业集团签署《北斗卫星导航产业合作协议》。根据协议，三方将共同实施北斗卫星导航产业发展领域合作项目，推动"卫星互联网协同创新中心"和"北斗导航产业集团公司"落地湖南，在北斗卫星导航和低轨卫星互联网领域实现一批战略性、前沿性、颠覆性技术突破，打造"中国北斗产业新名片"。

北斗产业是我国未来的重要战略性新兴产业。作为首届北斗规模应用国际峰会东道主的湖南，在北斗产业发展、创新、推广方面有着明显优势。除了核心技术积累外，湖南近年来制定出台了一系列支持性政策。

2015 年出台《关于开展主要农作物生产全程机械化推进行动的意见》，提出探索北斗卫星精准定位、自动导航、物联网等现代信息技术在农机装备上的应用，进一步推动农机装备升级换代；2016 年发布《长沙市加快北斗产业发展三年行动计划（2016—2018 年）》，提出建设 1 个北斗产业基地，实施特色应用示范工程等 5 个工程，打造 1 个产业高端人才聚集地；2017 年印发《关于加快发展农业生产性服务业的指导意见》，要求加快推广应用基于北斗系统的作业监测、远程调度、维修诊断等大中型农机物联网技术；2018 年发布《关于进一步加强地质灾害防治工作的意见》，提出将北斗卫星、"互联网+"、大数据、云计算等先进技术全面运用到地质灾害监测预警体系建设中；2019 年出台《长沙市关于深化北斗应用的若干政策》，提出支持在多领域开展基于北斗的应用示范，根据示范项目的实际投入给予一定比例的经费补助。

此外，湖南十分重视北斗相关产业的布局，数据显示，目前湖南拥有数量最多的北斗卫星相关企业，超 400 家，占全国总量的近 37%。作为北斗系统建设的重要技术策源地，湖南本土的一批北斗技术应用龙头企业，凭借着创新的前沿技术，进入大众视野。位于长沙高新区的长沙（湖南）北斗产业示范园区已建立一系列北斗共享服务平台，初步形成了"关键器件—模块—板卡—地图—终端及系统集成—应用与运营服务"的完整产业链条，聚集了一批国内处于领先地位的企业，如北斗微芯、海格北斗、北云科技、联智科技、卫导信息、中森通信等多家北斗产业链企业，湖南北斗应用及产业发展呈现蓬勃态势。

作为全国北斗卫星导航应用三大示范区域之一，湖南抢抓北斗创新应用先机，当前北斗应用在湖南已覆盖交通运输、农业林业、应急救援和大众应用等诸多领域，以北斗应用为基础的千亿产业集群正在凝聚强大动力，并加速培育壮大。

3

开放

扬帆远航

◇ 中欧班列通天下

◇ 万商出海弄大潮

◇ 开放盛会联中非

◇ 自贸区成『金名片』

人类社会发展的
历史告诉我们，
开放带来进步，封闭必然落后。

——习近平

开放
扬帆远航

2017 年 5 月 14 日，国家主席习近平在北京出席"一带一路"国际合作高峰论坛开幕式，并发表题为《携手推进"一带一路"建设》的主旨演讲。演讲中，习近平主席讲了这样一个故事：古代中国人出海远航，闯荡出了连接东西方的海上丝绸之路，在印度尼西亚发现的千年沉船"黑石号"等，见证了这段历史。其实，约 1200 年前的这艘"黑石号"沉船，运载的瓷器大多产自湖南长沙的铜官窑。千年之后，人们从"黑石号"沉船里，打捞起 5 万多件唐代长沙窑瓷器。

千年沉船"黑石号"，见证"一带一路"的历史；不熄的长沙窑火，照亮盛唐的"中国制造"。创新开放自古就是流淌在湖南人血脉里的精神特质，这个故事生动形象地说明，湖南与世界，有着古老且不可磨灭的连接。

党的十八大以来，湖南传承开放基因，阔步走向世界。这个中国内陆大省突破山海阻隔，勇闯世界市场，参与全球竞争，打造内陆开放高地走在中部地区前列。

开放的大门越开越大，湖南正加速融入世界。十年来，湖南进出口总额由 2012 年的 1385.7 亿元增加到 2021 年的 5972.8 亿元，增长了 3.3 倍，连续跨过"2345"千亿大关，近五年年均增长 25.2%，居全国第一位，即将挺进千亿美元俱乐部。

湖南的经贸"朋友圈"遍布全球 227 个国家和地区，国际友好城市达 103 对。中国（湖南）自由贸易试验区成功获批，长沙国际工程机械展览会、中非经贸博览会、世界计算机大会、北斗规模应用国际峰会相继举办。1700 多家湖南企业走向世界，杂交水稻、工程机械、轨道交通"走出去"受到世界各国人民的欢迎。

中欧班列通天下

　　无论你什么时候来到位于长沙城北的国际铁路港，这里都是一派繁忙的景象。货场里，信号灯闪烁不断，铁路周围，堆满了高高的集装箱。不时便有一声悠长的汽笛声拉响，伴随着很有节奏的"呲呲"声，一辆辆满载集装箱的列车驶离站台，驶向遥远的国门之外。

　　这是从长沙开行至欧洲的中欧班列。2014 年 10 月 30 日，湖南首条直达欧洲的国际铁路货运班列开通运营，驶向德国杜伊斯堡，一举结束了湖南无直达境外国际货运班列的历史。2014 年至今，无数货物通过这一通道，运往欧洲各国。

　　此前的一年，习近平总书记提出了"一带一路"倡议，之后总书记到湖南考察，对湖南提出了"一带一部"的战略定位。地处内陆，并无出海口的湖南，如何发挥区位优势，抓住这个开放崛起的重大机遇？

　　"湖南可以像重庆、四川、湖北等地一样，开行'中欧班列'，通过陆上跨国铁路更快捷地运输货物，实现与'一带一路'沿线的中亚国家及更远的欧洲大陆相通。"一个大胆的想法被提出，但要实现这个想法，挑战却很多。

　　"2018 年，我们在跟几位日本专家谈到这件事的时候，他们说我们'crazy'，是疯子，钱多了花不完。"时任湖南中南国际陆港有限公司总经理、长沙中欧班列"掌舵人"叶红宾回忆说。

确实，湖南往南就是中国开放程度最高的地区之一粤港澳大湾区，既然可以通过广东的港口走海运，为什么还要再费时费力地搞中欧班列呢？况且各个国家铁轨制式不同，"换轨"非常麻烦，运输成本也相对比较高。

但海运有海运的明显局限。叶红宾举例说，在中欧班列（长沙）开通之前，湖南外贸货物只能走水路，一船货物从长沙出发，终点是白俄罗斯的明斯克，先要用汽车装载运到深圳，在深圳装船，途

◆ 2014 年 10 月 30 日，湖南首条直达欧洲的国际货运班列——
湘欧快线开通运营 / 摄影：郭立亮

经汉堡，过波罗的海，再到立陶宛，最终到达白俄罗斯，时长超过60天。而通过中欧班列（长沙）运输，可从长沙直达明斯克，时长缩短为16天。相较之下，铁路的优势明显。有人形象地说，如果把湖南与欧洲之间的传统海运比作绿皮火车，那么中欧班列无疑就是湖南国际物流的"高铁"。

时间就是金钱，速度就是效率。随着中国对外开放步伐加快，湖南对国际物流通道的需求更为迫切，除了海运通道，湖南还必须有中欧班列这样的国际物流快速通道来满足湖南产业国际化的发展需求。在这样的背景下，长沙开行中欧班列，正好缓解了湖南"走出去"通道不足的燃眉之急。

"火车一响，黄金万两"，甫一开通，中欧班列（长沙）就受到外贸企业的青睐，不到一年时间就实现了出口班列常态化开行。特别是在新冠肺炎疫情暴发期间，海运受阻，空运不畅，全球物流秩序一度紊乱，有着国际铁路联运独特优势的中欧班列，反倒成了更为稳定且快捷的国际物流通道。2020年，中欧班列（长沙）出现逆势爆发式增长，共发运530列，超过了2014—2018年4年运营的班列总量，运输货物货值20.6亿美元，同比增长98.6%。

为防止输入性新冠肺炎病毒影响，中欧班列（长沙）采取无接触运输组织方式，确保班列安全有序运行。与此同时，中欧班列（长沙）在优化铁路口岸营商环境、提高通关便利化水平方面下足功夫，目前重载率、运输安全、通关环境和服务质量等多项指标位居全国前列。中欧班列（长沙）的覆盖范围也在不断增加，已开行莫斯科、明斯克、马拉、布达佩斯、汉堡、塔什干、阿拉木图等去程班列，汉堡、布达佩斯、莫斯科等回程班列，常态化运行路线达 10 余条，每周稳定开行 30 至 35 列，其中明斯克班列已打造成全国明星班列，占全国市场份额近六成，位居全国第一。随着中欧班列（长沙）的稳定开行和效率提升，运输成本逐步降低，形成了明显的辐射带动效应，吸引了广东、上海、江苏、福建、江西、广西等省外地区货物向长沙集结，带动大量外贸和货代企业在长沙集聚，长沙逐步成为货物集散和产业集聚的重要枢纽。

若以湖南为"掌心"，中欧班列（长沙）就像伸开的五根"手指"，分别联系着欧洲、俄罗斯、中亚、中东、东盟，打通了连接欧亚和东盟的大动脉。通过这条大动脉，载走湘茶、湘绣、湘瓷，以及湖南生产的机械装备，运回名酒、名包、木材和矿石，"湘品出湘""优品入湘"得以更高效便捷地实现。此外，"湘粤港直通快车"开通，24 小时内即可往返湘、粤、港、澳，"买全球""卖全球"实现了无缝对接。

据统计，2021 年，中欧班列（长沙）再创新高，共计发运 1030 列，同比增长 94.34%，运输货物货值达到 27.69 亿美元，开行量稳居全国第一方阵。其中，围绕湖南工程机械产业、汽车产业，为三一重工、中联重科、吉利等企业发运 90 列定制化专列，保证了湖南制造业产品出海畅通。叶红宾表示："我们还会增开一些到北欧、到老挝万象的线路，2022年中欧班列（长沙）会更加贴近湖南本土企业的需求。"

东西南北，全面打通；地上地下，畅通无阻。近年来，湖南着力打造五大国际物流通道和货运集结中心，相继打通了以航空货运、中欧班列、江海联运、铁海联运为重点的国际物流大通道，湖南"陆海空"的立体综合交通体系正在形成。

在湘北，岳阳城陵矶港通江达海，码头上汽笛交织，货轮出入繁忙，这里已成为湖南深化对外开放的"桥头堡"。2022年1月，

◆ 2017年8月18日，繁忙的长沙新港码头，整装待发的集装箱 / 摄影：童迪

城陵矶口岸共完成集装箱吞吐量6.52万标箱，同比增长42.36%，创下单月集装箱吞吐量的历史新高。

在湘西，怀化国际陆港跨越山海，对接东盟。2021年2月，"怀化—北部湾港"铁海联运班列首发，为湖南乃至中部地区开辟了一条与东盟经贸往来的物流大通道。2022年1月，"怀化—万象"国际货运班列首发，成为我国中部地区第一列始发开往东盟地区的国际货运列车。

在湘东，湘粤非铁海联运班列于2021年9月正式开通运营。这趟班列以株洲为主节点和始发站，实现与广州至非洲大陆的海运航线无缝对接，并联通至欧美、拉美、中东、东南亚等地，湖南再添一条重要"出海"通道。

在长沙，黄花国际机场是中部同类机场中国内通航点最多、飞往东南亚航点覆盖最广的区域性枢纽机场，构建了辐射国内国际、连接五大洲的航线网络。取意"长沙之星"的长沙机场改扩建工程T3航站楼已开工建设，这颗湖南的"明日之星"正冉冉升起。

行稳致远，通达全球。湖南素有"沿海的内地、内地的沿海"之称，虽不具备沿海沿边的区位优势，但一条条国际通道的相继打通，一个个物流网络的逐渐形成，让湖南由内陆腹地加速崛起为开放高地。

万商出海弄大潮

"走在老挝万象的大街上，如果你不会说老挝话不要紧，只要你会说湖南话，就不会迷路。"

只要是到过老挝万象的人，便会觉得这句话一点都不夸张。从打着湘味招牌的中餐馆，到用汉字发布的招工启事；从货币兑换处标明的人民币汇率，到操着湖南方言的成群游客……在老挝这个有着700多万人口的东南亚唯一内陆国，湖南元素俯拾皆是，经常让人产生仿佛还置身于湖南的错觉。在老挝万象，甚至有一条街就叫"湖南街"，一百多家店，大部分店主是湖南人。

"在老挝开五金店的老板，10个有9个是邵东人！"湖南人来老挝最早要从做小五金买卖说起。20世纪80年代，大批在云南做小五金买卖的邵东人来到老挝经商。

邵东人罗小群就是其中之一。他和妻子两人刚到老挝做小五金买卖时，身上只有400元钱。没有本钱开店，两口子只能挑着箩筐到乡下挨家挨户卖东西；没货款，就向开批发店的老乡赊账。他们经常早上赊账进货，晚上回来还钱。靠着小五金，罗小群积累了第一桶金。

后来，罗小群发现老挝人非常喜欢吃鱼，鱼总是供不应求，需

◆ 2022 年 1 月 6 日，首班中老铁路（怀化—万象）国际货运列车从怀化国际陆港发车
/ 摄影：辜鹏博

要从泰国进口大量的非洲鲫鱼。看准这一商机，2013 年他放弃五金生意，专心在万象养殖非洲鲫鱼。到 2017 年时，他养殖的非洲鲫鱼占据老挝全国十分之一的市场，被当地人称为"养鱼大王"。

"如今，湖南人已经成为老挝华人中一个重要群体。"据不完全统计，在老挝长期经商务工居住的湖南人有 15 万左右，这些人主要来自湖南的邵东、邵阳两县，多数人自 20 世纪 90 年代初来老挝创业，他们分布于老挝各省、市、县、村，主要从事摩托农机、机电、地产、家用电子电器、建材五金、百货服装、食品加工、医药、养殖、宾馆餐饮服务等行业。

对于在老挝闯荡的湖南商人来说，以前做生意更多的是一种自发形成的民间经贸互动，现在却有了更高层面、更有组织的经贸交流与合作。

老挝是"一带一路"沿线重要国家，其突出的地缘优势、强劲的市场需求、低廉的用人成本，成为各国商人投资的热土。随着"一带一路"建设深入推进，中国企业对老挝的投资力度不断加大，双方合作愈加密切。

近几年来，湖南与老挝的交流合作也不断深化，取得显著成果。2015年8月，长沙—万象顺利开通国际航班；2016年5月，湖南和老挝首都万象市签署建立友好省市关系意向书；2017年2月，湖南与老挝乌多姆赛省签署建立友好省际关系意向书；2017年12月23日，老挝驻长沙总领事馆正式开馆，成为新中国成立以来外国政府在湖南设立的第一家领事机构；2018年6月，时任老挝人民革命党中央总书记、国家主席本扬·沃拉吉访问湖南，专程到花垣县十八洞村考察扶贫工作，并见证"湖南省千名游客畅游老挝启动仪式"，一系列举措更加促进了两地各领域友好交流合作和人员往来。据悉，截至2020年，老挝驻长沙总领事馆约为2万人办理商务签证、旅游签证，目前湖南在老挝设立企业178家，累计对老挝投资8.5亿美元。

十万湘商闯老挝，是湖南"开放崛起"的一支典型力量，是湘商群体在海外艰辛打拼的一种见证，也是湖南"万商出海"的一个缩影。

　　在湘商出海的开放大潮中，大批湘企也抢抓机遇，昂首"走出去"。中车株机、中车株洲所、三一重工、中联重科、山河智能等一大批具备国际竞争力的湘企，加速海外项目布局，在工程机械、轨道交通、现代农业、矿产资源开发、路桥房建、能源开发、生物医药等多个领域形成了"海外湘军"品牌，在国际市场上拥有较强的影响力和良好的口碑。湖南对外投资合作已拓展至世界各地，

◆ 中联重科塔机群参与建设 2022 年卡塔尔世界杯主体育场

／来源：中联重科

1700 多家湘企"走进"109 个国家和地区，"十三五"期间，全省累计对外实际投资额 71.3 亿美元，累计对外承包工程完成营业额 133.2 亿美元，累计派出各类劳务人员 5.8 万人。

在"走出去"的路途中，"海外湘军"不断壮大成长，并根据各自的特色，探索出了海外工程承包、海外并购、海外绿地投资、援外出海和抱团出海等多种海外发展路径，不断拓展湖南开放发展新空间。

近年来，中联重科实施了一系列海外并购行为，先后并购了如

◆ 2018 年 11 月 27 日，中联重科宣布收购全球塔机领先制造商德国 Wilbert 100% 股权 / 来源：中联重科

意大利 CIFA、德国 M-TEC、德国 Wilbert 等海外公司，目前均已实现高效协同发展，正一步步坚定地走向市场、走向世界；水电八局、中建五局、湖南建工积极参与"一带一路"基础设施建设，在海外工程承包中不断开疆拓土，"路桥湘军""建筑湘军"的名号在国际上越来越响；隆平高科通过援外培训牵线搭桥，沿着"一带一路"播撒合作共赢种子，探索出"农业＋商务"的新型援外技术合作模式；中车株机，在马来西亚、土耳其、南非等地投资建设轨道交通装备研制基地，实现了湖南轨道交通装备产业集群的全球布局。

数据显示，2021 年，湖南对外直接投资新增境外企业 60 家，新增中方合同投资额 8.22 亿美元，实际投资额 16.66 亿美元，同比增长 12.1%，继续领跑中部。与此同时，湖南的国际经贸"朋友圈"也越来越大，目前已拓展至 227 个国家和地区，2021 年与"一带一路"沿线国家和地区实现进出口 1792.3 亿元，同比增长 21.7%，增速在中部地区保持领先地位。

"引进来"与"走出去"同频共振，为湖南开放型经济发展注入了澎湃动力。截至 2022 年 8 月，在湘投资的世界 500 强企业达到 188 家。随着越来越多的世界 500 强企业选择在湖南落地生根，随着全球湘商相继"回故乡、建家乡"，开放水平不断提升的湖南市场日益散发出巨大的魅力。

开放盛会联中非

2021 年 9 月 26 日，第二届中国－非洲经贸博览会在长沙开幕。当天在长沙高桥大市场西门，一家名为"小咖主"的非洲咖啡主题馆正式开门迎客，这是湖南首家以非洲咖啡为主题的销售、展览和体验馆。

来自非洲 20 多个国家的精品咖啡豆，打造成 30 多款饮品，每杯均价低于 20 元。价格亲民、味道醇正，开张当天就吸引了大批顾客。其中，每杯售价仅 8 元的美式咖啡最受顾客追捧。"看到标价我都惊呆了。要知道，星巴克美式咖啡每杯要 28 元，瑞幸咖啡如果不用优惠券，也要 23 元一杯。"

在寸土寸金的高桥大市场，300 多平方米的门店，"爆品"咖啡每杯仅售 8 元，这家咖啡馆"玩得下去"吗？

"关键在于，依托非洲咖啡交易中心打通了直采环节，整体成本比市面同类产品降低 30%。""小咖主"创始人景建华一语道破"天机"。景建华从事咖啡经营已有 20 多年，他说非洲是咖啡的发源地和主产区，咖啡的口感更是醇厚、独特。他一直有个想法，开一家能够让顾客沉浸式感受咖啡制作及品鉴的品牌店，让更多的湖南人了解非洲咖啡、爱上非洲咖啡。

这个想法虽已思虑多年，但景建华迟迟没有付诸行动，因为以前要想采购非洲咖啡豆，只能通过中间经销商，成本高、货源也不稳定。直到中非经贸博览会落户长沙，湖南对非经贸合作按下"加速键"之后，他才下定了决心。2020年，作为中非经贸博览会线下常态化平台、探索中非经贸合作新机制的重要载体，高桥大市场着力打造中非经贸合作促进创新示范园，建立了非洲咖啡交易中心。

基于中非经贸平台和这个交易中心，非洲当地的农业合作社在统一收购咖啡豆后会与高桥对接，由高桥方面组织线上交易平台进行沟通、评估和筛选，通过后即可下单、签约。景建华说："以前是'单兵作战'，自己找货源找经销商，现在是'抱团作战'，我们把采购需求报给非洲咖啡交易中心，由中心与非洲咖啡产区谈，议价能力直线上升，与以前相比，成本可降低30%。"

位于长沙城东的高桥大市场自1996年开业以来，在一些人的印象里，这里就是一个批发大市场，琳琅满目的酒水糖果、农副产品、皮具箱包让这里散发着满满的"烟火味"。殊不知，近几年来，借助中非经贸博览会、自贸试验区等东风，这里正成为非洲品牌在中国的聚集地，埃塞俄比亚的咖啡、马里的黄油、喀麦隆的白胡椒、肯尼亚的红茶、南非的红酒、乌干达的油画……2021年，已有100多个非洲品牌产品在这里展销，入驻中非经贸龙头企业98家。

在首届中非经贸博览会期间，湖南（高桥）非洲商品展销馆正式开馆，该馆是中非经贸博览会下唯一、长期性线下展示展销平台。

◆ 2019 年 6 月 26 日，首届中非经贸博览会前夜，长沙市政府在橘子洲举行烟花表演，欢迎各国来宾 / 摄影：陈永光

第二届中非经贸博览会举办时，将高桥大市场作为唯一的分展馆。在纷至沓来的机遇和利好面前，高桥大市场明确了战略发展方向，以"国际高桥、世界商港"为目标，努力建设集商品展示贸易、电子商务、国际贸易等于一体的国内国际双循环示范市场和数字贸易集聚区。一系列内外贸易融合发展措施让高桥大市场的外向型、智慧化气质不断凸显，"烟火高桥"越来越具有"国际范"，这里已成为连通湖南与世界的一个重要桥梁。

志合者，不以山海为远。湖南与非洲虽相隔万里，但友好交往源远流长，有着深厚的历史情缘。湖南与非洲的商贸合作也由来已久，特别是进入新时代以来，在"一带一路"倡议下，湖南积极探索创新对非合作路径，非洲已成为湖南对外投资与合作的重要地区。2015—2018年，湖南连续4年举办大型对非经贸活动，包括非洲国家驻华使节湖南行、湖南·非洲国际产能合作暨工商企业跨境撮合对接会、湖南－非洲地方产业合作对接会、第四届对非投资论坛等。同时，湖南采取建设经贸合作园区、在非洲有关国家设立商务代表处等方式，构建起多层次、立体化的对非经贸合作平台。

而最令人瞩目、最具影响力和划时代意义的是，2018年9月，在第四届对非投资论坛上传出重大喜讯：中非经贸博览会将长期落户湖南。

举办中非经贸博览会，是国家主席习近平2018年9月在中非合作论坛北京峰会上提出的中非"八大行动"倡议的第一条具体举

◆ 第二届中国－非洲经贸博览会开幕式暨中非经贸合作论坛现场 / 摄影：杨华峰

措，是中非合作论坛机制下唯一的经贸合作平台，也是湖南第一个国家级、国际性对外开放平台，意义之重大可见一斑。

经过精心筹备，2019 年 6 月，首届中非经贸博览会在长沙隆重举行，习近平主席向博览会致贺信，53 个非洲国家参会，万余名嘉宾云集，10 万人次观展，签署合作协议 81 项。时隔两年之后，2021 年 9 月，第二届中非经贸博览会又在长沙成功举办，这场"跨越山海、心连万里"的世界级盛会，吸引了 40 多个非洲国家、近900 家中非企业参展参会，981 万人次观看线上直播，其间签约合作项目 135 个，累计金额 229 亿美元。

依托中非经贸博览会和中非经贸深度合作先行区两大国家级平台，近年来，湖南不断深化对非交流。从湖南杂交水稻飘香马达加斯加到尼日利亚大米加工厂启动，再到中联重科阿尔及利亚合资公司成立，越来越多带有湖南印记的产品、技术驰骋于非洲大陆。卢旺达干辣椒、马达加斯加羊肉、乌干达牛肉、肯尼亚鳀鱼……也逐渐成为湖南人青睐的美食。目前与湖南有贸易往来的非洲国家达 50 余个。2021 年湖南对非贸易额 403.9 亿元，较 2012 年增长了 1.6 倍，总量位居全国第 8 位、中部第 1 位。近年来，我国对非经贸合作也保持着良好势头，2021 年中非进出口贸易总额突破 2500 亿美元大关。

开放风帆劲，崛起正当时。凭借中非经贸博览会等一系列重大国际展会和开放平台，近年来湖南接连成为开放合作的"主场"，频频站上世界舞台的"C 位"。互联网岳麓峰会、长沙国际工程机械展览会、中国国际轨道交通和装备制造产业博览会等重大活动轮番登场，中非经贸博览会、世界计算大会长期落户湖南。光是 2021 年一年，湖南就先后成功举办了长沙国际工程机械展览会、湖南（国际）通用航空产业博览会、北斗规模应用国际峰会、世界计算大会、中国民营企业 500 强峰会、第二届中非经贸博览会……一场接一场的开放盛会，一波接一波的对外开放重大举措，彰显着湖南开放发展的巨大潜力和强大魅力。

自贸区成"金名片"

2021年10月29日上午，中国（湖南）自贸试验区外国人来华工作一站式服务中心在长沙片区落地并启动运营。来自俄罗斯的Ilya拿到了经服务中心办理的首张外国人工作许可证后，高兴地连竖大拇指。Ilya将在长沙一所语言学校从事教学活动，他说，这一趟来中国办理许可证十分便捷，有很好的引导服务，等待的时间也不长，是一次很棒的体验。

该服务中心通过整合外国人来华工作所涉及的海关、科技、公安相关业务窗口，在全国首次实现了外国人来华所需的国际旅行健康检查证明书、工作许可证、居留许可证"一窗式"受理，极大方便了外国人来湘就业。

在此之前，外国人来长工作需要分别到长沙海关所属湖南国际旅行卫生保健中心、长沙市科技局和长沙市公安局人口与出入境接待大厅三地，通过6个审批环节办理国际旅行健康检查证明书、工作许可证、居留许可证，完全办妥需30个工作日。"三窗合一"后，外国人来长工作只需在服务中心一地办理，3个环节最多跑两次，审批环节缩减约50%，审批时限也由原来的30个工作日压缩至最快10个工作日，打造了自贸试验区外国人来华工作管理服务的"长

◆ 中国（湖南）自由贸易试验区
长沙片区标牌／来源：中国（湖南）
自由贸易试验区

沙样板"。

外国人来华工作一站式服务中心，是湖南借助自贸试验区平台，把握"为国家试制度，为地方谋发展"要求，打造优良营商环境的一个缩影。自2020年9月获批以来，中国（湖南）自由贸易试验区坚持以制度创新为核心，形成了一系列制度创新成果。其中"进口转关货物内河运费不计入完税价格"实现了国内段运输费用的合理拆分，可帮助进口企业降本增效，仅以岳阳城陵矶进口粮食、肉类测算，就可每年为企业降低成本2600万元；"深加工结转出口退税监管新模式"，大大减少了货物"一日游"流转环节，缩短了出口退税时间；"综保区内包装材料循环利用监管"，既给园区企业带来了实际效益，又产生了节能减排的良好效果；"国际邮件、国际快件和跨境电商业务集约式发展"，推动了贸易便利化，助力湖南由"内陆腹地"变为"开放高地"……截至2022年7月，湖南自贸试验区总体方案121项改革试点任务实施率达95%，形成47项制度创新成果，其中 23 项为全国首创。

设立自贸区，是以习近平同志为核心的党中央作出的重大决策，是新时代全面深化改革开放的战略举措。自 2013 年我国首个自贸区——中国（上海）自由贸易试验区设立以来，申报设立中国（湖南）自由贸易试验区便是湖南思虑很深、渴盼已久，且长期以来一直在努力的一个梦想。

经过持续四年的申报，2020 年 9 月 21 日，终于传来喜讯。当天国务院发布《中国（湖南）自由贸易试验区总体方案》，标志着中国（湖南）自由贸易试验区正式获批，这是湖南在对世界敞开怀抱的过程中，实现更高质量、更有深度、覆盖面更广的对外开放的重大机遇，湖南自此迎来了打造内陆地区改革开放高地的崭新时代。

根据《中国（湖南）自由贸易试验区总体方案》，湖南自贸试验区实施范围 119.76 平方公里，涵盖长沙、岳阳、郴州三大片区。三大片区向北连通长江中游城市群，向南对接粤港澳大湾区，将中国最具开放潜力和开放活力的两大经济板块紧密联系在一起。

获批以来，湖南根据总体方案，坚持高质量高标准建设，着力将自贸试验区这一国家级平台打造成对外开放"金名片"，辐射带动提升全省开放水平。两年来，通过大胆试、大胆闯、自主改，取得了丰硕成果。截至 2022 年 8 月，中国（湖南）自由贸易试验区累计新设立企业 20391 家，新引进 2 亿元人民币（约 3000 万美元）以上重大项目 237 个，总投资额 3525 亿元，累计实现进出口总额

◆ 中国（湖南）自贸试验区外国人来华工作一站式服务中心

/ 来源：中国（湖南）自由贸易试验区

3060.6亿元，占同期全省的28.3%。

自贸区改革形势下，政府职能加速转变。实行全链条放权赋能、全领域极简审批、全覆盖"一件事一次办"，营商环境得到明显优化；全面推行"证照分离"改革，全程建立"帮代办"机制，企业设立登记时间压缩到1个工作日内；加强重大项目用地保障，开辟"绿色通道"服务，审批时效提高50%。此外，长沙"数字人民币"试点稳步推进，实施跨境人民币便利化政策，开展知识产权质押融资，跨境电商收付汇制度不断完善……金融创新推出一系列新举措。

与此同时，长沙、岳阳、郴州三大片区吹响了新一轮对外开放的号角，在自贸区建设上各显身手、各出高招。

◆ 岳阳市城陵矶新港区／来源：中国（湖南）自由贸易试验区

长沙片区围绕高端装备制造、新一代信息技术、高端现代服务业、临空产业等，持续增强发展动能。截至 2021 年 9 月，新引进项目 74 个，总投资额 1751.3 亿元，其中三类 500 强项目 13 个，片区累计新增市场主体 1.2 万家、企业 3747 家；打造制造业企业数字化转型新模式，获批 5 个国家级工业互联网试点示范项目；推进黄花综保区与黄花机场区港联动，企业通关成本节省 30% 以上；率先在中部地区开通至东欧的全货机航班，四小时航空经济圈建设逐步成型，基本覆盖了当今世界经济增长速度最快、发展活力最足的地区。

岳阳片区做好"水"文章、做活"港"经济，引进中创空天、攀华集团等头部企业，加快发展航运物流、新材料、电子商务等产业；加强与上海、宁波等沿海港口口岸通关和国际物流合作，提高江海联运效率；推行自贸片区与新港区、综保区联动招商，截至 2021 年 9 月，成功引进项目 109 个，其中 100 亿元以上项目 3 个。

郴州片区在全面对接粤港澳大湾区建设上"闯"出了新气象。自挂牌成立以来，郴州发挥区位优势，推进与前海、横琴、南沙等先进片区的紧密对接，逐步实现与粤港澳大湾区的全面对接。郴州片区实现了与大湾区海关互通、物流畅通、人才流通，建设了对接粤港澳物流的新基地，与深圳盐田港、蛇口港无缝对接。截至 2021 年 9 月，片区新设企业 1063 家，同比增长 187.4%；完成进出口总额 167.77 亿元，增长 27.1%。

没有高度的文化自信，
没有文化的繁荣兴盛，
就没有中华民族伟大复兴。

——习近平

多彩

文旅绚烂

湖南文源深、文脉广、文气足，拥有璀璨夺目的湖湘文化、得天独厚的红色文化和蓬勃发展的现代文化。

　　湖南山川形胜，风光秀丽，一座山就有一个传说，一条河流就是一首歌，绿色、红色、古色在这里交相辉映，万年之风、千年之雅、百年之颂在这里荟萃成诗。

　　党的十八大以来，习近平总书记多次到湖南考察，对湖南的自然生态、湖光山色、历史人文、风土人情如数家珍。2020年9月，习近平总书记在湖南考察时指出，谋划"十四五"时期发展，要高度重视发展文化产业。进入新时代以来，湖南高度重视文化建设工作，提出了建设文化强省的目标，着力推动文化事业和文化产业蓬勃发展，让湖南文化持续绽放出璀璨的时代光芒。

　　这十年，湖南文苑艺苑百花齐放、精品迭出。全省文艺工作者坚持以人民为中心的工作导向，推出舞台剧《大地颂歌》、电视剧《彭德怀元帅》、图书《乡村国是》、电影《十八洞村》等一大批精品力作，特别是《大地颂歌》情动三湘、名传京华，被誉为"人民的史诗，艺术的史诗"，文艺创作由"高原"迈向"高峰"。

　　这十年，湖南把文化产业作为支柱性产业来发展，深化文化体制改革，健全现代文化产业体系，打造了以马栏山视频文创产业园为龙头的文化与科技融合发展新高地，"广电湘军""出版湘军""演艺湘军"的发展优势持续拓展，文化产业保持了走在全国前列的良好态势。

这十年，湖南积极推进文旅融合，大力发展"文旅＋"，催生了文旅新业态，延伸了文旅产业链，文化建设和旅游发展迈上了新台阶，5A 级旅游景区增加至 11 个，红色旅游品牌进一步擦亮，乡村休闲旅游助力脱贫攻坚和乡村振兴，"锦绣潇湘"旅游品牌形象的国际知名度和美誉度越来越高，长沙"网红城市""夜经济影响力城市"品牌影响力不断提升。

这十年，湖南聚焦提升公共文化服务水平，出台《湖南省实施〈中华人民共和国公共文化服务保障法〉办法》，深入实施文化惠民工程，基本实现一乡一文化站、一村一综合文化服务中心，持续开展"欢乐潇湘""雅韵三湘""书香湖南"等群众文化活动，人民群众精神文化需求得到更好满足。

"挥毫当得江山助，不到潇湘岂有诗"，极目时下的潇湘大地，诗和远方交织出一幅幅锦绣画卷。

◆ 岳麓书院传承千年文脉 / 来源：视觉中国

一曲颂歌动京华

"每当我找不到存在的意义／每当我迷失在黑夜里／夜空中最亮的星／请照亮我前行……"

2020 年 11 月 6 日晚，大型史诗歌舞剧《大地颂歌》在北京国家大剧院演出。

当湖南衡阳祁东启航学校留守儿童合唱团的孩子们登上舞台，一起唱响《夜空中最亮的星》时，他们纯净的眼神，略带稚嫩的歌声，深深打动了现场观众。

这个中国版"放牛班的春天"的故事，从大山走上舞台，走进国家大剧院，一路并不容易。

《大地颂歌》是由湖南省委宣传部主办，立足湖南、面向全国，汇聚优秀演艺力量，精心创作的史诗性舞台巨制。为了将该剧打造成精品，可谓是千锤百炼，凝聚了无数心血和智慧。为了让剧中人物和故事更"深情、真实、饱满"，主创团队一次次深入生活、深入现场，走进田间地头倾听扶贫干部和群众的心声，光剧本调整修改前前后后就达 127 次，直至首演前夜，打磨还没停止。"几乎每隔几天，就有一版新的剧本发过来"，很多参演人员都感叹，"这部剧就是磨出来、熬出来的"。

创作期间，祁东启航留守儿童合唱团的故事经过媒体报道感动了很多人，也打动了《大地颂歌》剧组。当主创人员在深夜找到学校电话，第一次联系上学校老师时，却差点被当成骗子。后来，剧组总导演周雄和主创刘源驱车 5 小时，在一个山脚的田野中找到学校。第一次采访时，孩子们眼中的清澈纯洁，深深打动了他们，"一定要把这个故事带到《大地颂歌》的舞台"。

这样一来，剧中便有了《夜空中最亮的星》这一篇章。这一幕以启航学校留守儿童合唱团为原型，讲述了一位支教老师帮助留守儿童解决困难、重返校园，并通过教孩子们练习合唱，让他们重拾自信、拥抱希望的故事。

正式演出时，在这一幕的最后，当故事原型启航学校留守儿童合唱团 42 名成员从后台徐徐升起、登上舞台的那一刻，孩子们自信的神情、清脆的歌声，让每个人的心里都满满的，眼睛湿润润的。

这一幕也成为整部剧情感最"燃"的剧情之一。

千锤百炼终成钢，大浪淘沙始见金。《大地颂歌》先后在长沙、北京演出13场，场场爆满，"圈粉"无数。其间应观众要求，在长沙加演的3场，几乎每场一出票都是"秒光"。在舞台剧版之后，又相继推出了电视版、电影版，其中电影版《大地颂歌》获得了第十七届中美电影节"金天使奖""年度最佳纪录电影"，并在老挝上映。虽问世时间不长，但《大地颂歌》已显露出经典的气象，相信经过岁月的沉淀，定会成为新时代的新经典。

进入新时代以来，中国文艺阔步迈入新征程，湖南文艺创作不断从"高原"向"高峰"迈进，三湘文苑呈现出百花竞放、精品迭出的繁荣景象。《大地颂歌》就是众多湖南优秀文艺作品中的一个突出代表，彰显了文艺湘军为时代存史的匠心与担当。

十年来，湖南广大文艺工作者始终坚持以人民为中心的创作导

◆ 启航留守儿童合唱团在《大地颂歌》舞台上表演 / 来源：湖南日报

向，倾情为时代而歌，在脱贫攻坚现场，在全面建成小康社会一线，在全面深化改革最前沿，到处活跃着文艺工作者的身影。他们用生动的笔触和真挚的情感，歌颂党、歌颂祖国、歌颂人民。单是围绕脱贫攻坚这一时代主题，湖南文艺工作者扎根乡村，以首倡地为戏眼，以三湘四水为舞台，相继创作推出了一系列精品力作，除舞台剧《大地颂歌》外，还有电影《十八洞村》、电视专题片《从十八洞出发》、电视剧《江山如此多娇》、交响叙事组歌《苗寨的故事》、话剧《高山之巅》、花鼓戏《桃花烟雨》、图书《扶贫志》《立此存照》等一大批脍炙人口的优秀作品。

十年来，湖南广大文艺工作者把创作作为中心任务，把作品作为立身之本，打磨出一批精品力作，推动文艺创作从"作品"走向"精品"、从"高原"迈向"高峰"。这些作品以精深的思想和精湛的艺术，成为新时代闪亮的文艺坐标。文学领域，长篇小说《幸福街》、儿童文学《蒲公英嫁女儿》《一千朵跳跃的花蕾》、报告文学《乡村国是》等一批文学作品在国内产生重大影响；影视领域，电影《半条棉被》《十八洞村》《父母的城市生活》、电视剧《彭德怀元帅》《伟大的转折》《最好的时代》《奔腾年代》《共产党人刘少奇》《那座城这家人》《百炼成钢》《理想照耀中国》等在全国上映热播，掀起一波又一波观看热潮；戏剧领域，先后创作出湘剧《月亮粑粑》、花鼓戏《我叫马翠花》《桃花烟雨》《齐白石》《耀邦回乡》、音乐剧《袁隆平》、歌剧《英·雄》等一大批精品优秀剧目。

十年来，湖南广大文艺工作者坚守艺术理想，追求德艺双馨，努力以高尚的操守和文质兼美的作品奉献人民，涌现出一大批德艺双馨的优秀文艺人才。有的老当益壮，视艺术为生命，如八十高龄的黄铁山仍坚持去雪峰山写生，立志要画出家乡的美，古稀之年的谭谈"不服老"，仍深入湖南、贵州、云南等省的偏远山村，写下多篇关注乡村发展与变化的散文；有的苦心孤诣，在创作道路上甘当"苦行僧"，如长篇报告文学《乡村国是》作者纪红建，在两年时间里，孤身一人，走访 39 个县的 202 个村庄，用一个个真实、

◆ 第十三届中国摄影金像奖颁奖现场，湖南摄影家谢子龙、严志刚获奖
/ 来源：视觉中国

生动的故事，展现中国脱贫攻坚取得的巨大成就，最终获得鲁迅文学奖和全国"五个一工程"奖；有的不断突破自我，执着向高峰攀登，频频问鼎各类全国艺术大奖，如吴傲君创作的花鼓戏《蔡坤山耕田》获得第二十四届曹禺剧本奖，现代京剧《向警予》主演张璇获得第三十届中国戏剧梅花奖，湖南省杂技艺术剧院原创滑稽节目《小夫妻》获得第十一届中国杂技金菊奖，摄影家谢子龙、严志刚分别获得艺术摄影类、纪实摄影类第十三届中国摄影金像奖……

文运同国运相牵，文脉同国脉相连。在这些作品面前，我们可以鲜明感知一个大国的时代气象，在这些成就背后，也有着党委、政府的坚定支持和实力托举。十年来，湖南对文艺创作的扶持力度越来越大。据湖南省文旅厅介绍，2014 年以前，湖南每年的创作资金只有 160 万元。近几年，财政加大创作资金投入，每年安排近 2500 万元。仅 2018 年，全年安排的创作经费已增至 2862 万元，增长了近 17 倍。

为时代存史，为人民画像。一曲《大地颂歌》，磅礴了万水千山；一组大放异彩的精品力作，标识着新时代湖南文艺创作的高光时刻；一群德艺双馨的文艺工作者，以明德引领风尚，以精品奉献人民……文艺湘军正不断迈向"高峰"，文化强省正拔节生长。

马栏山上风正扬

2022 年 3 月，北京冬残奥会期间，一则由人工智能机器人美女用联合国六种工作语言打出的手语——"北京欢迎你"在电视和许多电子屏幕上滚动播出，让来自世界各地的残奥运动员倍感亲切。这使他们不仅感受到中国人的热情好客，更感受到中国智能高科技助残的温暖。

这款智能机器人就出自"马栏山"，由马栏山视频文创产业园的长沙千博信息技术有限公司研发"智造"，该公司研发的人工智能手语电视播报系统已在 28 个省级行政区的 280 余家电视媒体机构广泛运用。

如今在马栏山聚集着 4000 多家像"千博信息"这样的视频文创类企业，湖南广播电视、数字出版、影视动漫等龙头企业也都汇聚于此。

智能手语机器人、4K 技术修复的《开国大典》《雷锋》、"5G+VR"制造业云平台、"国潮"文创产品……行走在马栏山，酷炫、时尚、科技感十足的文创产品琳琅满目，一批重大产业项目正拔地而起，一股创新创业的文化热潮在这里涌动。作为长沙最年轻的省级园区，马栏山视频文创产业园正朝着具有国际影响力的"中国V谷"飞速奔跑。

可谁曾想到在几年前,马栏山视频文创产业园还只是一个构想,这里也还是个违建林立的"城中村"。

马栏山,没有山,也不养马。这里位于"浏阳河,九道弯"的第八道弯处,也是长沙市的"东大门",相传三国时期关羽"战长沙"时曾在此屯兵养马,因而得名"马栏山"。

20世纪90年代末,湖南广电移师于此。经过20多年的深耕厚植,练就了一支"广电湘军"。随着"广电湘军"的声名鹊起,马栏山周边逐渐衍生了许多电视、影视、视频文创上下游企业。

但在当时,除了湖南广电几栋大厦之外,马栏山及毗邻的鸭子铺片区,到处都是低矮的房子和临时搭建的仓库,这里曾是长沙市地域面积最大、人口最多、违章建筑较密的"城中村"。"马栏山"也只因湖南卫视的主持团队不时在节目里调侃而为人知晓。

2015年,一场声势空前的拆违行动,让这里实现了"蝶变"。长沙市先后投入数十亿元,拆除千余栋违章建筑,腾出4500余亩土地。

怎么用好这块"黄金宝地"?来钱快的房地产,是不少人的提议。湖南用行动给出答案:不搞房产搞文产。马栏山是电视内容生产"高地",应依托既有优势,融合5G、大数据等前沿科技,抢占"文创"产业发展"制高点"。湖南立志将马栏山打造成以数字视频为主导产业的文化创意集聚区,并提出了"北有中关村,南有马栏山"的

◆ 建设中的马栏山视频文创产业园 / 来源：视觉中国

响亮口号。

2017 年 12 月 20 日，马栏山视频文创产业园在一片"黄土"上揭牌。4 年多来，湖南省级层面出台支持园区建设的政策 15 条，市级出台 21 条，开辟行政审批绿色通道，推动财政资金向园区倾斜，园区产业发展不断提速。2020 年 3 月，全国首个视频国家级重点实验室——5G 高新视频多场景应用国家广播电视总局重点实验室落户马栏山，同年 12 月，马栏山视频文创产业园入选国家级文化产业示范园区创建名单，正式晋级"国家队"。

经过 4 年多时间的发展，马栏山视频文创产业园受到爱奇艺、优酷、快手、银河酷娱、创梦天地等一批行业领军企业、独角兽企业的青睐，实现文化产业的能量"聚变"。园区企业研发的"时空凝结"技术、5G 音乐云录制、人工智能手语等最新技术引领着产业发展潮流。2021 年园区实现企业营收 519.81 亿元，同比增长24.4%，完成企业税收 30.16 亿元，同比增长 20.1%，亩均税收超过41.3 万元，位居湖南省级园区前列。

　　2020 年 9 月 17 日，习近平总书记在马栏山视频文创产业园考察时，表示"湖南文创很有特色"，并肯定了马栏山"文化和科技融合"的模式。

◆ 2021 年 7 月 12 日，蓝天白云下的马栏山视频文创产业园 / 摄影：李健

◆ "中国 V 谷"雕塑 / 来源：视觉中国

　　从城中村"蝶变"成"中国 V 谷"，从"无峰之山"崛起为"文创高地"，马栏山是湖南文化产业强劲发展势头的生动印证。

　　文化是湖南经济社会发展的先声和动力，也是亮点与窗口。进入新时代以来，湖南按照中央统一部署，持续推进文化体制机制创新，文化产业取得长足发展，造就了一支在国内大放异彩的文化湘军，形成了颇具影响力的"湖南文化现象"。"广电湘军""出版湘军"等品牌越发闪亮，"演艺湘军"声名日盛。根据《中国文化品牌报告》，"湘字号"文化品牌一度达 42 个，占全国文化品牌的 16.2%。

　　省管国有文化企业是湖南文化产业发展的"主力军"。近年来，湖南通过文化体制改革，出台系列文化发展政策，持续做大做强国有文化企业。2018 年，湖南省委、省政府出台《关于加快文化创新体系建设的意见》，在全国率先提出建设"文化创新体系"。推动广电、出版行业新一轮改革，整合重组现有国有文化资源，推动企业更加聚焦主业。深化国有文化资产管理体制改革，持续完善国有文化企业监管机制，出台《省管国有文化企业年度社会效益量化考核实施办法（试行）》，在全国率先建立省管国有文化企业"一企一策"社会效益考核量化评价指标体系，将 8 家省管国有文化企业整合为 5 家，进一步优化文化企业结构布局，促进资源要素向骨干文化企业集聚。湖南广电在"2021 年亚洲品牌 500 强"中排第 92，稳居省级广电第 1 位，中南传媒、芒果超媒、电广传媒入选全国文化企业 30 强。

同时，湖南全力支持文化企业发展。为积极应对新冠肺炎疫情影响，出台促进文化产业持续健康发展"12 条"。除政策支持外，还为文化企业提供多渠道金融解决方案。省委宣传部等四部门制定出台《湖南省区域性股权市场设立文化产业专板工作方案》，充分发挥商业银行文创支行、担保机构担保基金及文旅基金作用，积极培育文化产业龙头企业和上市后备资源。

2021 年，湖南规模以上文化企业达到 3864 家，实现营业收入 3640.31 亿元，同比增长 12.7%。文化产业已成为名副其实的支柱产业，保持了走在全国前列的良好态势。

锦绣潇湘更著诗

"太阳最红，毛主席最亲……"2021年6月18日上午，韶山火车站广场，歌声嘹亮，人头攒动。1000多名韶山市民和游客齐聚广场，共同见证全国首条红色旅游铁路专线——韶山至井冈山红色专列开通运营。

上午8时许，随着一声汽笛长鸣，一辆红黄色调车头、绿色车厢的列车缓缓驶离站台，列车上一下子沸腾了。乘客们齐声唱起了《歌唱祖国》，列车"哐当哐当"的声音和歌声交相辉映。

"想着今天要坐首发专列，我激动得没睡好。"乘客们兴致高涨，举起双手、握紧拳头，跟着歌曲有节奏地打拍子，脸色因为高声呼喊有些红润。"红色专列车厢宽敞、氛围又好，可以欣赏窗外美景，还能接受红色文化洗礼，好得不得了！"

当天中午13时45分，经过近六个小时的"长途跋涉"，列车到达终点井冈山车站。这趟连接韶山与井冈山的红色专列，穿山越水，跨越湘赣，将24个红色景点、20个绿色景点、18个古色景点一一打通，在罗霄山深处划出靓丽的轨迹，点燃了湘赣两省文旅产业发展的"薪火"。

十步之内，必有芳草。湖南是一方红色热土，大批共产党人在

◆ 2021年6月18日，韶山至井冈山红色专列开通运营 / 摄影：郭立亮

这片热土谱写了感天动地的英雄壮歌。2020年9月，习近平总书记来湖南考察，首站就是"半条被子"故事发生地——郴州市汝城县文明瑶族乡沙洲瑶族村。在这里，他叮嘱当地党员干部："要用好这样的红色资源，讲好红色故事，搞好红色教育，让红色基因代代相传。"

举办红色旅游文化节、红色旅游博览会，推出红色旅游精品线路，提质改造或新建革命博物馆、纪念馆、陈列馆……近年来，湖南深入贯彻落实习近平总书记关于发展红色旅游的重要论述精神，立足红色资源的比较优势，把红色文旅发展放到突出重要位置，在保护好红色文化和红色资源的前提下，突出创新升级。2020年，全省红色旅游接待游客突破 1.41 亿人次，实现红色旅游综合收入超 1350 亿元。截至 2021 年，湖南红色旅游从业人员达 100 万余人，综合收入连续多年保持增长 20% 以上。

三湘四水激荡英雄壮歌，锦绣潇湘展现无穷魅力。湖南的山有魂、水有灵、人有情、文有脉，红色、绿色、古色三色交相辉映，旅游胜地遍布，可以说处处是景、步步有诗。北上巴陵，可登岳阳名楼、赏洞庭碧水；南下潇湘，则有苏仙岭秀、柳子遗风；往东则罗霄巍巍、炎帝安厝；往西则商道漫漫、边城风情；至湘中，娄邵有紫鹊梯田、崀山奇岭；入湘西北，可耕田桃花源、可游画中张家界。作为旅游资源大省，近年来湖南以文旅融合为契机，朝着建设文化强省和旅游强省的目标高歌前行，推动产业和事业发展齐头并进，文化建设和旅游发展迈上新的台阶。

矮寨不矮，时代标高。2021 年 6 月 11 日，文化和旅游部发布公告，湘西土家族苗族自治州矮寨·十八洞·德夯大峡谷景区，正式成为 5A 级旅游景区。景区位于湘西世界地质公园核心区，由被誉为国际桥梁界"珠穆朗玛峰"的吉首市矮寨大桥、"精准扶贫"首倡地花垣县十八洞村、"天下鼓乡、天然氧吧"吉首市德夯大峡谷等景区共同组成。近年来，湖南着力打造以"锦绣潇湘"为品牌

◆ 2019 年 9 月 23 日，众多游客在韶山市毛泽东同志故居参观 / 摄影：辜鹏博

的全域旅游基地，加快建设世界旅游目的地。目前，湖南有世界自然遗产2处、世界地质公园2处、全域旅游示范区7个，5A级旅游景区11个、4A级旅游景区151个，全国重点旅游村41个、重点镇3个、省级特色文旅小镇23个、重点旅游村100个。

"网红长沙"，火爆出圈。2020年国庆假期，一篇题为《怕了怕了！长沙，先让给你们吧！》的网帖让"网红长沙"再次火了一把，假期前全国各地到长沙的高铁票被预订一空，接下来几天里长沙各个热门打卡点排起长长的队伍。从排队几万桌的"超级文和友"，到火爆朋友圈的网红奶茶"茶颜悦色"，从橘子洲烟花、湘江两岸灯光秀，到爱心红绿灯、粉色斑马线，再到"守护解放西"的坡子街派出所……近年来，长沙以"大文旅"的宏观视野、"新旅游"的城市营销构建起潮流时尚兼具人文关怀的城市形象，多次蝉联全国"网红"城市前十，先后入选世界媒体艺术之都、东亚文化之都、国家文化和旅游消费示范城市、中国夜经济十强城市、全国十大热门旅游城市。五一商圈、阳光壹佰凤凰街、梅溪湖梅澜坊街区、红星街区获评国家级夜间文化和旅游消费集聚区，太平街入围国家级旅游休闲街区。长沙以一年近2000亿元的旅游收入保持领先态势，带动全省旅游产业持续健康繁荣发展。

乡村旅游，助力振兴。"对不起婺源，这次湖南不能把油菜花的 C 位让给你了"，2022 年 3 月 15 日，这条网络热搜，在常德市鼎城区十美堂镇 6 万亩油菜花海里被游客证实，当天上午"2022 湖南第三届油菜花节"在这里开幕，开幕式上还发布了湖南十大最美油菜花景点名单。举办四季乡村文化旅游节、打造文旅特色小镇、评选"湘村客栈"……近年来，湖南大力发展乡村旅游，以大湘西、大湘东地区 13 条精品旅游线路为依托，助力脱贫攻坚和乡村振兴。乡村休闲旅游激活"一池春水"，让许多农民在家门口吃上了"旅游饭"。特别是以踏青赏花为特点的春季乡村旅游持续火热，2021 年清明假期，湖南纳入监测的 167 家 A 级景区和乡村旅游区三天累计接待游客 267.35 万人次，同比增长 142.64%，累计实现营业收入 3.22 亿元，同比增长 130.84%。湖南乡村旅游作为文旅经济发展的蓝海，前途无量、前景可期。

锦绣潇湘，誉满全球。旅游经济是"眼球经济"，是"创意经济"，需要推介宣传，需要创意营销。2015 年 4 月，一则"宁乡农民自掏 23 万元在韩媒登广告宣传家乡旅游"的消息就让宁乡着实火了一把。近年来，湖南以"锦绣潇湘"为总体形象品牌，举办全球文旅推介活动，举行湖南法国、德国文化旅游周等外事活动，开创跨国交流合作新局面，文旅交流合作成效显著。"锦绣潇湘"走进"一带一路"文化旅游合作交流系列活动，推动构建外事、外宣、外经、外资、

◆ 2021 年 6 月 5 日，永州市道县梅花镇贵头村 / 来源：视觉中国

外贸联动"大外宣"格局，"十三五"期间累计组织"请进来""走出去" 46 个批次，覆盖 44 个国家和地区。全省入境游持续升温，2019 年接待入境旅游者 467 万人次、同比增长 24.49%，实现旅游创汇 23 亿美元、同比增长 34.79%，均提前一年实现了湖南省旅游业"十三五"发展规划制定的 400 万人次和 17 亿美元两项目标。

　　旅游产业已成为湖南高质量发展的新引擎。2021 年前三季度实现旅游收入 7457.09 亿元，接待游客 6.3 亿人次。湖南作为全国唯一省份入选《孤独星球》发布的"世界十大最物超所值的旅行目的地"，"锦绣潇湘"文旅品牌知名度、美誉度、影响力进一步扩大。

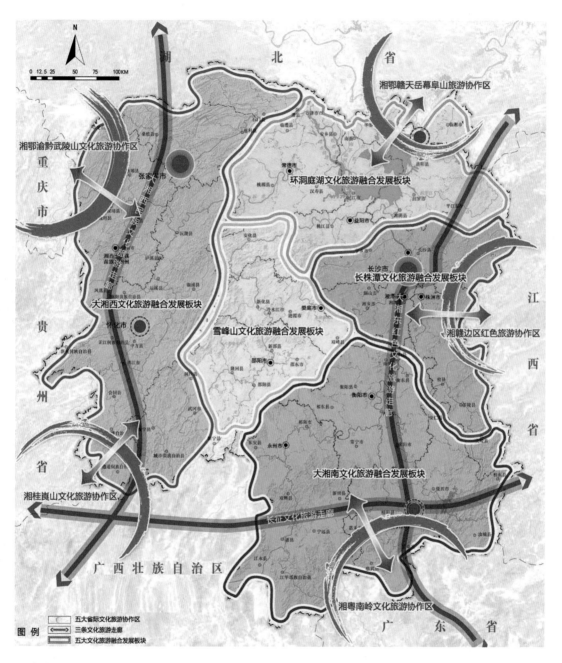

◆ 湖南省魅力人文空间规划图 / 资料来源：《湖南省国土空间总体规划（2021—2035 年）》

文化惠民乐万家

如果你要问在长沙过周末有什么好去处，答案会告诉你：长沙滨江文化园。

这里有历史故事、有城市规划、有文化书库、有音乐艺术，聚集了长沙博物馆、长沙规划展示馆、长沙图书馆、长沙音乐厅等一批重要文化设施，常年举办丰富多彩的活动，是长沙颇具文化气息的网红打卡地。

长沙音乐厅每月第一个周末推出一场市民音乐会，深受市民喜爱，阿伦·罗兹钢琴独奏音乐会、莱纳·霍内克——维也纳爱乐乐团第一首席独奏家音乐会等高品质市民音乐会，令人回味无穷。市民表示："长沙音乐厅月月有公益讲座、周周有惠民演出、场场有亲民票价，我们这些乐迷很幸福。"

"高贵不贵"，在长沙音乐厅不仅花不多的钱便可以体验到高雅艺术，这里还可成为市民一展才艺的免费舞台。在每月的第四个周末，长沙音乐厅为老百姓打造了一个家门口的专业舞台——"百姓舞台·百姓家"，市民可以免费登上专业舞台进行才艺表演，同时可免费参观长沙音乐厅。

在文化名城，城市文艺青年可乐享文化大餐；在偏远乡村，公共文化服务之光同样点亮群众的幸福生活。

在株洲攸县石羊塘镇谭家垅村，文化设施到处可见，文化活动多种多样，村民的文化生活丰富多彩。村里的高桥农家书屋，7000多册图书可供村民随时借阅；村民文化活动中心，可以下棋、打球、看电影；村广场上，一到晚上舞蹈队、太极拳队、军鼓队、文艺队便齐聚这里，跳舞打拳、吹拉弹唱，热闹非凡；老年学校，每月的农历初三和十六，"雷打不动"举行讲座，可听退休教授夏昭炎讲

◆ 2016年7月23日，长沙滨江文化园夜色 / 摄影：唐俊

诗词文化、讲健康养生；寒暑假期，村里还开办少儿假期学校，有大学生志愿者带领孩子们读书、做游戏……

以谭家垅村的经验为样本，株洲攸县 2017 年起铺开在农村百姓家门口建设小广场、小书屋、小讲堂的"门前三小"工程。小广场用于文体健身，小书屋用于书籍借阅，小讲堂用于基层宣讲。这些阵地由村民小组自主申报，政府配送相关器材、设备、图书等，志愿者负责日常管理。到 2019 年底，全县已建成"门前三小"676 个，打造示范点 60 余个。"小广场跳出了大健康，小书屋读出了大天地，小讲堂讲出了大道理。"当前，"门前三小"已成为攸县乡村文化最浓、人气最旺、风气最好的地方，"门前三小"工程建设也入选了全国农村公共服务典型案例。

进入新时代以来，湖南持续推动公共文化服务标准化体系建设，深入实施文化惠民工程。近年来，聚焦提升公共文化服务水平，湖南先后出台《湖南省实施〈中华人民共和国公共文化服务保障法〉办法》，印发《湖南省公共文化领域省与市县财政事权和支出责任划分改革实施方案》，制定《湖南省公共文化服务体系高质量发展五年行动计划（2021 年—2025 年）》，从法律、财政和制度等层面为基层公共文化服务提供全面保障。湖南成功创建长沙、岳阳、株洲、永州 4 个国家公共文化服务体系示范区、8 个国家公共文化服务体系示范项目、14 个省级现代公共文化服务体系示范区，全省基本公共文化服务标准化建设、基层综合性文化服务中心建设、县级图书馆文化馆总分馆制建设、公共文化机构法人治理结构改革任务等均已完成。

各级联动的公共文化投入逐步加大。湖南文化体育与传媒财政支出从 2013 年的 54.5 亿元增长到 2021 年的 140 亿元，"十三五"期间共争取国家文物保护专项资金 6.93 亿元、省级文物保护专项资金 1.23 亿元。同时，湖南还广泛动员社会力量参与公共文化服务建设，推动共建共享。近年来，湖南重点扶持了一批实现免费开放、在全省甚至全国叫得响的特色民营文化场馆，如国内目前已知最大的民办公益图书馆石门县逸迩阁书院、中南地区最大的民营非遗馆长沙市雨花非遗馆等，为丰富百姓文化生活发挥了积极作用。长沙市财政每年安排 2000 万元政府向社会力量购买公共文化服务专项资金，鼓励民办博物馆、实体书店、艺术团体发展，扶持民营博物馆 20 多家。

覆盖城乡的公共文化设施初步建成。湖南博物院完成改扩建，新建成湖南美术馆、梅溪湖大剧院，湖南文化广场、湖南图书馆新馆建设有序推进……近年来，湖南着力推进一批重点文化场馆建设，覆盖城乡的公共文化设施网络初步形成。123 个县（市、区）全面完成全省现代公共文化服务体系建设三年行动计划的任务目标，优秀率为 53%。县级图书馆、文化馆总分馆制建设完成率分别为 138%、127%。以湖南公共文旅云为省级中心，覆盖城乡、互联互通的全省公共数字文旅服务网在全国率先建成。实施直播卫星"户

◆ 2020 年 10 月 2 日，永州市江永县桃花源图书馆 / 摄影：蒋克青

户通"、农村广播"村村响"、贫困地区村综合文化服务中心建设等文化惠民工程，10万户直播卫星"户户通"工程建设任务如期完成，基本实现一乡一文化站、一村一综合文化服务中心。

为民惠民的公共文化活动蓬勃开展。群众唱主角，草根当明星。由湖南省委宣传部、省文化和旅游厅主办的"欢乐潇湘"大型群众文艺汇演，连续多年成功举办，已覆盖全省一百多个县（市、区），每年都有10多万个参演节目、近百万演出人员，从田间地头的乡

◆ 长沙梅溪湖国际文化艺术中心／来源：视觉中国

村小舞台，到华灯炫彩的省城大剧院，几千万观众感受了湖南文化大发展的活力与魅力，在全省上下掀起了群众文艺活动的热潮。除了"欢乐潇湘"，近年来湖南还先后组织策划了"雅韵三湘""书香湖南""全民广场舞大赛"等一系列大型文化活动，深受人民群众喜爱。与此同时，湖南连续举办的几届网络文化节、网络春晚也深入人心，赢得了广大网民点赞。"湘观影""光影铸魂""文化进万家""我们的节日"等多种多样的文化活动，"送戏曲进万村、送书画进万家"、农民工春节联欢晚会等一批惠民项目，激活了基层和农村的内生动力，营造了群众文化共建共享的良好氛围，让三湘民众的获得感、幸福感日益增强。

读有书屋、唱有设备、演有舞台、看有影厅、跳有广场、讲有故事、学有辅导、办有经费……在湖南，无论是城市还是乡村，身边的文化场馆越来越多，丰富多样的文化惠民活动应接不暇，不仅让公共文化服务在城市社区触手可及，还把高品质文化产品送到田间地头，大大提升了百姓的文化素养。放眼三湘大地，公共文化服务的温暖贴心，让人们的生活更加多彩，文化惠民的浩荡春风，让人民群众的精神文化需求得到更好满足。

人不负青山，
青山定不负人。
绿水青山既是自然财富，
又是经济财富。

——习近平

生态

潇湘锦绣

三面环山，丘陵与沃野相望；水系丰富，"四水"汇洞庭入长江。湖南素以山清水秀著称，山水是湖南最靓的名片，生态是湖南最大的资源。

习近平总书记对湖南生态文明建设高度关注，2013年来湘考察时要求湖南"把生态系统的一山一水、一草一木保护好"，2018年考察岳阳时叮嘱湖南"守护好一江碧水"，2020年在湘考察时又勉励湖南"牢固树立绿水青山就是金山银山的理念，在生态文明建设上展现新作为"。

党的十八大以来，湖南深入贯彻习近平生态文明思想，牢固树立"绿水青山就是金山银山"的理念，始终把生态文明建设摆在发展全局的突出位置，十年来守护绿水青山的故事，在潇湘大地的每一个角落精彩上演。

经过十年的持续努力——

我们的天更蓝了，湖南市级城市平均空气质量达到国家二级标准，

14 个市州所在城市环境空气质量优良天数比例为 91.0%，蓝天白云、繁星闪烁不再"稀缺"。

我们的水更清了，湖南地表水水质状况总体向好，147 个国家地表水评价考核断面中，Ⅰ—Ⅲ类水质占比 97.3%，居全国前列，河畅水清、岸绿景美已成现实。

我们的山更绿了，截至 2021 年底，湖南森林覆盖率达 59.97%，草原综合植被盖度达 87.04%，湿地保护率达 70.54%，绿色正成为湖南最生动、最耀眼的颜色。

我们的家更美了，目前湖南共有 17 个国家生态文明建设示范区、4 个"绿水青山就是金山银山"实践创新基地和 41 个省级生态文明建设示范县，成功创建国家园林城市（县城）16 个、全国绿色村庄 1430 个，宜居宜业宜游的美丽家园越来越多。

一幅山清水秀、生机盎然的锦绣潇湘画卷正徐徐展开。

◆ 株洲市大京水库 / 来源：视觉中国

碧水清流汇湘江

前景是雪白的婚纱，笔挺的西服，深情的拥抱，而背景却是污浊的江水，昏暗的天空，灰白的厂房。

照片上衣着鲜丽的新人与泛着泡沫的浑浊污水、漂在水面的白色垃圾形成了强烈对比。

这是 2013 年 10 月，环保志愿者宋伟和新婚妻子刘源在湘潭竹埠港排污口拍摄的婚纱照。

宋伟将婚纱照发到了微博上，照片纪念留言写道："湘潭市竹埠港 14 号观察点天星堤河西竹埠港排渍口，水量大，泡沫多，有气味。pH 值 7，有色。同时，对干净河流的期待值 10，幸福指数 10！"

宋伟的家就在湘江边，毗邻湘江重金属治理重点地区竹埠港。"小时候，江水缓缓流过，清澈如玉。有一天，她变成了红色，我心里很痛。"

为了改变这种情况，2012 年，宋伟加入了湘潭环保协会，决心用自己的力量守护湘江。在环保路上，宋伟结识了同是环保志愿者的刘源，志同道合的两个年轻人走到了一起。

婚礼前夕，两人商量着去哪里拍婚纱照。宋伟提议，既然都热爱环保，何不就在排污口拍呢？正好以这样的方式唤起大家对环保的关注。两人一拍即合，并由另一名环保志愿者担任摄影师，拍摄了一组引起网络热议和广泛关注的婚纱照。

时间到了 2018 年，在两人结婚 5 周年之际，这个小家庭已是一家四口，宋伟带着妻子和两个儿子再次来到原先拍婚纱照的地方拍了一组全家福。时隔 5 年，排污口消失了，江水变清了，水草绿茵茵的，孩子们在水边嬉戏，看到这些变化，宋伟很高兴，5 年前婚纱照纪念留言里对"干净河流的期待"终于实现了。

宋伟和妻子约定，今后每一个重要时刻都要到这里拍一张全家福。"因为这里见证了我们的爱情，而我们也见证了这里的蜕变。"

◆ 2017 年 8 月 29 日，浏阳河浏阳市城区段 / 摄影：邓霞林

竹埠港的蜕变，除了环保志愿者的呼吁和守护，更重要的是湖南对湘江流域保护与治理的重视和决心。2013年，湖南启动实施湘江保护与治理省"一号重点工程"，滚动实施3个"三年行动计划"，以壮士断腕的决心、刮骨疗毒的勇气、攻城拔寨的拼劲，全面打响湘江保护与治理的攻坚战和持久战，誓还湘江千里碧水。

作为湖南乃至全国的老化工区，竹埠港曾聚集了28家化工企业，对周边地区土壤和地下水及湘江造成了较为严重的污染。2014年，按照"关停、退出、治理、开发建设"的步骤，竹埠港老化工区内的企业实现整体关停，一举摘下了被诟病多年的"黑帽子"。

如今，曾经的老化工区已迈入全新的发展阶段，成为推动当地高质量发展新的增长极，以"绿蔓智城、最美江岸"为定位的竹埠港新区正在崛起。

竹埠港脱胎换骨的变化，只是湘江流域保护和治理重症下猛药、污染堵源头的缩影之一。

围绕堵源头、标本兼治，近年来湘江流域展开了一系列"休克疗法"式的治理行动——

高污染、高能耗企业，关！累计关停散乱污企业1563家，涉重金属污染企业1200余家，斩断入江"污龙"，驱散岸边黑烟。

河道采砂，禁！湘江长株潭河段实现全面禁采，自然保护区、饮用水水源保护区采砂一律叫停。

湘江沿岸畜禽养殖，退！两岸500米内数千家规模畜禽养殖场全部退养，近百万平方米栏舍拆除，湘江流域不再污水横流、臭气熏天。

五大主要重金属污染区域，治！湘潭竹埠港、株洲清水塘、衡阳水口山、娄底锡矿山、郴州三十六湾，成为湘江流域污染治理的"主战场"。

◆ 沅江风光 / 来源：视觉中国

株洲清水塘，在这片 15.15 平方公里的土地上曾一度汇集了 261 家重化工业企业，多次因环保问题给当地戴上污染的"黑帽子"。如今片区的污染企业已全部关停，曾经"五颜六色"的霞湾港入湘江口处已是清水悠悠。

衡阳水口山，曾是全国最大的铅锌产业基地，排放的废气、废渣、废水是湘江主要污染源。移厂进园、移土进山、移河改道……近年来通过"愚公移山"式的整治，绝迹多年的白鹭如今又飞回来了。

娄底锡矿山，因锑资源储量世界第一而闻名，也因过度开采的重污染而让人揪心，经过近年来的多轮整治和生态修复，当年废渣满山、满目疮痍的"百年锑都"重披绿装，昔日的废弃荒山如今已成为金山银山。

郴州三十六湾，因矿产丰富被

◆ 整治前的娄底锡矿山 / 摄影：潘涛

◆ 2021 年 6 月 5 日，复绿后的娄底锡矿山 / 摄影：陆波

称作"湘南聚宝盆",引来一拨又一拨的"挖宝人",一度让这里矿洞遍布、废水横流,严重威胁着湘江流域的水环境。经过封矿复绿的持续整治,曾经百孔千疮的山体如今绿意盎然。

近年来,湖南牢记习近平总书记"守护好一江碧水"的殷殷嘱托,以"一江一湖四水"系统联治为主战场,以污染防治攻坚战"夏季攻势"等为抓手,统筹抓好中央生态环保督察反馈问题整改、洞庭湖治理、湘江保护和治理等重点工作,全省生态环境质量持续改善。

经过综合治理,湘江流域生态系统逐步恢复。"四水"从源头加强保护,干流沿线所有乡镇实现污水处理设施全覆盖。监测数据表明:2021年,湘江流域干流和主要支流157个断面Ⅲ类水质达标率99.36%,流域内饮用水源地水质达标率100%。

铁腕施治,江湖蜕变。变化,刻进了老百姓的心里。

水清了,岸绿了,鱼儿多了,游人来了。人们说,从前漫江碧透的诗画景象又回来了。

湿地又见天鹅飞

2017 年 7 月的一天，当詹禾清听到洞庭湖区的欧美黑杨因生态保护要求要全部砍掉的消息时，正在吃饭的他差点惊掉了手中的碗："植树造林，什么时候也能破坏生态了？"

年近六旬的詹禾清，时任益阳市资阳区刘家湖国有林场支部副书记、副场长。他的第一份工作就在林场，一干就是 30 多年。30 多年来，植树护林几乎已融入他的血液。

而此时，他除了要接受砍倒全部欧美黑杨的事实，还要由护林人变身伐木工，负责带队清除保护区里 3300 亩欧美黑杨。

欧美黑杨，源自欧美，喜湿，生长快，五到六年即可成材，20 世纪 70 年代作为护堤防浪林木被洞庭湖区周边县市引进栽种。

很快人们发现了这种外来杨树的良好经济效益，这是一种造纸经济林木，一亩地种六七千棵黑杨，可以卖几千块钱。易种植、好养活、收入高，欧美黑杨成了洞庭湖区人们眼中的"致富树"。一时间，连保护区内荒芜的洲岛都植树成风。

只是，那时候人们还不知道，被称为"致富树"的欧美黑杨，还有另一个可怕的名字：湿地抽水机。因其根系发达，欧美黑杨的大量种植让洲滩湿地加速旱化，威胁了植物、鱼类、鸟类等的生存，造成物种单一的"绿色荒漠"景象。防治病虫害期间喷洒的大量杀虫剂更是对湿地植物造成毁灭性打击，加之黑杨本身含有毒性，飞鸟不栖，保护区的鱼类、虾类、候鸟等物种数量一天天在递减。

2017 年 7 月，中央环保督察组在对湖南的反馈中指出，洞庭湖区种植的欧美黑杨，严重威胁洞庭湖生态环境安全，要求 2017 年年底前，将洞庭湖保护区核心区内的欧美黑杨全部清理到位。

在了解缘由与背景之后，詹禾清想通了，向林场立下了保证书，一定在限期内完成清理任务。

3300 亩欧美黑杨，被分成 73 个小班，詹禾清带队，采用"歼

灭战"，一个个围剿。高峰期一班曾组织 120 余人、50 多台油锯机，同步进行。"湖洲上只听见油锯机一片轰鸣的声音，耳朵都震麻"，经过 35 个日夜的奋战，最终他们提前一个月完成了清理任务。

洞庭湖位于湖南北部，长江荆江河段以南，是中国第二大淡水湖，因其在净化环境、调节水位、维持生态平衡方面的巨大作用，被称为"长江之肾"。然而，随着湖区人口的增加、工业和农业的迅速发展，洞庭湖生态环境一度呈现出恶化态势，湖泊日益萎缩，湿地不断被"蚕食"，非法采砂乱象不断，农业、工业、生活污染物持续不断注入洞庭……湖南省洞庭湖生态环境监测中心的监测数

◆ 初夏的洞庭湖湿地／来源：视觉中国

◆ 2021年8月30日，岳阳市君山区华龙码头，一望无际的芦苇"绿海"随风起伏
/ 摄影：郭立亮

据显示：2003年至2013年，洞庭湖的劣V类水质占比已达到5%，Ⅱ、Ⅲ类水质断面已经消失。

洞庭告急！"母亲湖"告急！

为了还洞庭湖一湖清水，一系列行动紧急开展起来，减少入湖污染物排放、停止无序挖砂、砍掉欧美黑杨、转变"涸泽而渔"的经济发展方式……近年来，湖南坚持山水林田湖草沙系统治理，构建了"一湖四水"全流域生态涵养带，大力实施洞庭湖生态环境治理专项行动。2017年湖南省委、省政府召开洞庭湖生态环境专项整治推进大会，全省自上而下发动省、市、县、乡、村五级干部打响"洞庭湖生态环境保卫战"，对洞庭湖区采砂、种杨、非法捕捞、侵占湖泊湿地、工农业污染和城乡生活污染等突出问题进行全面整治。相继开展沟渠塘坝清淤、畜禽养殖污染整治、河湖围网养殖清理等

　　五大专项行动，实施湘北水资源配置、河湖连通、重要堤防加固等十大环境治理工程，并以中央环保督察为契机，清除洞庭湖水域的矮围、围网，清淤、补水、截污、禁投，整治污染顽疾不遗余力……

　　一湖碧水万众护，矮围拆了、养殖退了、黑杨砍了、纸厂关了、捕捞禁了，清澈美丽的洞庭湖又回来了。

　　岳阳市君山区华龙码头，地处长江干流河滩，始建于2002年。过去，这个非法砂石码头占用了660米的长江黄金岸线，年吞吐砂石量30余万吨，常年砂石乱堆、污水横流，破坏植被、吓走江豚，给周边生态造成严重破坏，居民不堪其扰。2018年4月25日，习近平总书记到这里考察，勉励湖南"守护好一江碧水"。如今，通过拆除码头堆场、修复周边生态，华龙码头面貌焕然一新。伫立岸边远望，江豚欢腾嬉闹，水鸟翩翩起舞，这里已成为远近闻名

◆ 2020 年 4 月 27 日，长江华龙码头段，江豚在水中嬉戏 / 摄影：石述威

的"江豚湾"。

益阳市沅江市漉湖芦苇场下塞湖，这里地处洞庭湖腹地，过去围堤横立，一道高高垒砌的堤坝似"水中长城"，围出一片面积近3万亩的私人矮围，严重影响湿地生态及湖区行洪。2018 年 6 月，一场拆"围"之战在下塞湖打响，湖南以雷霆手段、霹雳之势，将下塞湖 1.8 万余米矮围全部拆除，彻底铲除了这个盘踞浩瀚洞庭十余年的生态"毒瘤"。如今这里湖平水阔，水波粼粼，洞庭湖又恢复了往日的湖光潋滟。

常德市汉寿县岩汪湖镇，位于西洞庭湖国家级自然保护区核心区。过去这里欧美黑杨遍布洲滩，造成了"树下不长草，树上不落鸟"

的生态恶果。随着一棵棵欧美黑杨倒下，湿地生态逐渐恢复，西洞庭湖自然保护区水更清、草更绿、鸟更多，核心区水质提升到Ⅲ类标准。前来栖息的候鸟、洄游的鱼类明显增加，以前难得一见的小天鹅、黑鹳、白琵鹭、中华秋沙鸭等珍稀鸟类频繁现身，湖区成了"鸟类的天堂、观鸟的胜地"。

经过多年努力，八百里洞庭重现浩浩汤汤的壮观景象，如今这里，麋鹿悠然，江豚跳跃，候鸟盘旋，游鱼嬉戏，自然和谐的生态美景如诗如画。2021年9月30日发布的《湖南省生物多样性白皮书》指出，无论从生态系统多样性还是物种多样性、遗传多样性看，湖南都是全世界同纬度地带最有价值的生态功能区。

◆ 洞庭湖湿地天鹅栖息 / 来源：视觉中国

三城共护一"绿心"

"樱花开了，茶花开了，欢迎你们来这里'打卡'！"2022年3月17日，长沙市雨花区跳马镇新田村党总支书记吴正伟发出邀请。

"打卡"地点位于新田村落金坝组。4年前，这里还是一处光秃的废矿坑，面积达70多亩，如今"长"出了一片苗木林，桂花树、茶花树迎风摇曳，罗汉松、红叶石楠等错落有致。

在雨花区跳马镇，20世纪90年代末因开采形成了18个大矿坑，裸露坚硬的矿坑立面岩体，宛若一块块"秃斑"，在长株潭绿心区里显得格外扎眼。

为了修复这些长在"绿心"上的大小"秃斑"，罗松和工友们经历了一场场惊险而又艰辛的作业——

扣紧安全扣、拴紧保险绳，深呼一口气，双腿微蜷，沿着陡峭的岩壁慢慢往下蹬，才能到达作业面。"有时一回头，距离最近的岩台也有38米，我们就像'蜘蛛侠'一样悬在岩壁上'荡秋千'。"

在这名"90后"眼中，年轻人爱玩的蹦极、攀岩都是"小儿科"，他们为废弃矿坑进行生态复绿作业才是惊险刺激的"极限运动"。

2018年，雨花区对位于长株潭绿心内跳马镇的18个废弃矿山矿坑启动生态修复，其中罗松和20多名工友所负责的龟坡片石场废址施工难度被称为"全省之最"。坑高 70 米，岩壁倾角大部分为 90 度。

如何让光秃秃的陡峭岩壁重长花草？经历清坑、铺网、喷土、覆膜等系列步骤后，含有波斯菊、油麻藤、金银花等花草灌木的种子以及植物纤维、土壤改良剂的新型基质土，在坚硬岩石上落稳了脚。慢慢地，花草便探出了土层，昔日光秃秃的石场废址，渐渐"生长"出藤木交绕、绿草绵延、山花绽放的绿色风景。

长株潭生态绿心位于长沙、株洲和湘潭三市交会地区，总面积约 528.32 平方公里，从高空俯瞰，这一片植被茂盛，山峦起伏，郁郁葱葱，犹如城市"绿色客厅"和"天然氧吧"。

2011 年 3 月，习近平同志在视察长株潭城市群两型社会建设工作时指出："建立生态绿心，是保值增值的，是长株潭与其他城市群的一个重要区别。""湖南保护好这个生态绿心，50 年后将在全国、全世界都有重要影响。"

生态绿心是长株潭城市群之间的"绿楔子"，为长株潭提供了共同的"绿肺"和重要的生态屏障。可由于长株潭三地城市开发的需要，"绿心"一度因过度开发而遭到损坏。2011 年，湖南省人大常委会调研组发现，当时的"绿心"保护形势已非常严峻。一些问题非常突出，比如森林覆盖率偏低，整体分割日趋严重，局部地区过度开发，最大连片绿地仅有 17 平方公里，在建待建项目多达 477 个，用地需求将近 12 万亩。如果不严格保护，过不了几年，这片"绿

◆ 位于长株潭生态绿心内的石燕湖森林公园 / 来源：视觉中国

心"就会被侵蚀蚕食掉。

为了守护这颗珍贵的"绿心"，湖南先后编制出台了《长株潭城市群生态绿心地区总体规划》，将"绿心"确立为生态保护区，划定"绿心"边界及禁止开发区、限制开发区和控制建设区，约90%的面积禁止和限制开发，颁布实施了《湖南省长株潭城市群生态绿心地区保护条例》，在全国首创地方立法保护一片绿地。

复绿！护绿！增绿！一系列行动开展起来，层层签订"绿心"保护责任状，大规模复绿护绿，补齐生态欠账；组建"绿心"联合执法队伍，建立常态化执法监管机制；建成覆盖全域的"天眼"系统，通过卫星紧盯"绿心"范围内每一块土地的变化、每一起破坏生态的行为，形成"天上看、地上查、网上管"的监控模式；执行最严格的产业准入，全面推进绿心地区工业企业退出工作，数十个工业和地产项目被否决，一百多项不符合"绿心"总体规划的已批项目被清理退出。

经过十年来的持续努力，过去机器轰鸣、黄土日渐裸露的绿心区域，找回了葱茏绿意，森林覆盖率稳步提升，如今这里绿意盎然、生机勃勃，不仅是目前国内唯一一个大型城市群绿心，也是世界上最大的城市群绿心。再过几年，这里还将崛起一座世界级公园——

◆ 长株潭两型社会展览馆／来源：视觉中国

长株潭绿心中央公园。

绿色潇湘，美丽家园。长株潭生态绿心只是观察湖南绿色发展的一个重要窗口。近年来，湖南牢固树立"绿水青山就是金山银山"的理念，统筹推进山水林田湖草沙系统治理，筑牢"一江一湖三山四水"生态屏障，消灭了宜林荒山，保护了美丽湿地，建设了森林城市，拯救了濒危物种，发展了绿色产业，把绿水青山打造成湖南的一张靓丽名片。如今，绿色湖南正迸发出勃勃生机，重现壮丽秀美，成为天蓝、地绿、水净的和谐家园。

绿色家园郁郁葱葱、绿色发展深入人心、绿色消费蔚然成风，绿色湖南的建设，正不断改变着人们的生活环境，改变着人们的消费方式、出行方式、居住方式，甚至思维方式。绿色，不仅成为一种发展理念，同时也成为一种生活自觉。

落实节能减排，倒逼产业转型，推进碳达峰碳中和……放眼三湘大地，湖南力行以生态优先、绿色发展为导向的高质量发展新路子，正越走越顺，越走越宽。

推行生活垃圾分类，倡导绿色出行，实施"光盘行动"……环顾城乡之间，绿色低碳生活方式引领新风尚，逐渐成为全省人民的共识与行动。

不管是公共空间，还是私人生活，绿色让人们的生活变得更加清新。在"绿色引擎"的驱动下，一幅青山常在、绿水长流、空气常新的"春景图"，正鲜活生动地呈现在人们眼前。

乡村美景入画来

"如果你问我，对我来说中国乡下代表什么？是美丽的大自然，新鲜的空气，新鲜的菜……我是法国人，但是我也是湖南媳妇，我们的老家就是在湖南的乡下，所以对我来说，农村就是有家的味道。"

2022年春节期间，法国姑娘Melody在社交平台发布的一组视频火了。镜头里，一张时尚的法国面孔出现在湖南农村的田间地头，她穿着睡衣熟练地种菜、喂鸡、挖笋，和婆婆频繁互动，还享受着地道的湖南农家菜。这些记录湖南乡村生活的日常画面，展示了湖南的山水风光、风土人情和田园美景，既接地气又有国际范，吸引了不少外国朋友对湖南农村的关注。

Melody来中国已经13年了，中文名叫"梅洛"，因为工作关系与湖南小伙罗梦翔相识后一见钟情，现在已经结婚5年了，定居厦门。2021年，她担任主编出版了《我在中国挺好的》一书，向世界分享了包括自己在内22位外国人与中国的缘分故事。梅洛视频中的湖南农村就是丈夫罗梦翔的老家，位于湖南省益阳市安化县。

这次是时隔两年之后，梅洛和老公再次回益阳安化老家过春节，梅洛觉得既亲切又欣喜。在她的印象里，安化乡下越来越好，村里装了新路灯，水泥路通到了家门口，每天都有专人上门清运垃圾……

特别是山清水秀的田园美景让她十分陶醉，她说中国乡村和法国乡村一样，都是浪漫的地方。

正是基于这样的认识和体验，梅洛想到了通过拍摄视频，不仅可以让中国人更了解她这个来自法国的媳妇，更能让更多外国人了解美丽的中国乡村。事实也证明，中国农村早已不再是多年前外国人印象里"脏乱差"的样子，通过近年来农村人居环境整治、美丽乡村建设，山水田园相依、百姓安居乐业的美丽乡村画卷正次第铺开。

美丽乡村是美丽中国的底色。然而，在进入新世纪第二个十年的时候，农村生态环保形势依然严峻，部分地区污水乱排、垃圾乱扔、秸秆乱烧、污染"上山下乡""垃圾围城"等现象不同程度存在。

近年来，湖南突出重点任务，实施农村人居环境整治三年行动，积极推进农村垃圾治理、污水处理、"厕所革命"、村庄清洁行动等，

使农村"脏乱差"现象明显改善。

"厕所革命"取得重要进展。"一个土坑两块砖，三尺土墙围四边，苍蝇蚊子嗡嗡叫，又臊又臭满庭院。"这是过去农村厕所的真实写照。为解决如厕难这一民生难题，自2019年以来，湖南省委、省政府连续三年将农村改厕列入"为民办实事"重点项目，目前干净、整洁的无害化厕所已成为农村家庭的"标配"。

农村生活垃圾得到有效治理。近年来，湖南实施"农村生活垃圾五年专项治理"，严格执行集镇和村庄保洁制度，加强垃圾收运处置日常管理。从"垃圾围村"到如画美景，农村生活环境发生了根本性变化。

村容村貌发生明显变化。农村人居环境问题的背后，是基础设

◆ 益阳市安化县柘溪水库风光 / 来源：视觉中国

◆ 2022年7月9日，张家界市武陵源区黄龙洞景区稻田长势喜人 / 来源：视觉中国

施的不完善。近年来，湖南各级政府不断加大支农惠农力度，引进社会资本，着力加强"四好农村路"、安全饮水、电网改造、"光纤入户"等农村基础设施建设，为美丽乡村建设强基固本。按照布局美、产业美、环境美、生活美、风尚美的"五美"乡村格局，湖南美丽乡村建设取得显著成效，一个个独具特色的美丽乡村，如一幅幅田园画卷，徐徐呈现在人们眼前。

一排排民居错落有致，一条条水泥马路平坦整洁，一片片花圃姹紫嫣红，赏心悦目……走进邵阳市北塔区陈家桥镇李子塘村，只见处处生机盎然、如诗如画，美丽乡村的别样景致映入眼帘。

◆ 2022年3月9日，湘西土家族苗族自治州永顺县灵溪镇洞坎村陈家坡，数十亩梅园梅花竞放／摄影：郭立亮

　　林间绿意盎然，山间清泉汩汩，一座座农家小院，宛如颗颗璀璨珍珠，镶嵌在山林脚下，一条条绿化带缠绕房前屋后，干净整洁的柏油马路通往每家每户……走进汨罗市白水镇西长村，一望无际的绿水青山与百姓嘴边津津乐道的金山银山融合于此，宛若富足祥和的世外桃源。

　　"望得见山、看得见水、记得住乡愁"。行走在三湘大地，目之所及，青山、农田、民居构成一幅幅乡村美景。逐梦乡村振兴的村民们，脸上洋溢着笑容，神情怡然自乐，处处是陶渊明笔下的"桃花源"。

◆ 常德市石门县郊区 / 摄影：林攸忠

◆ 郴州市资兴市东江湖 / 摄影：郭立亮

后记

党的十八大以来，习近平总书记对湖南工作高度重视、十分关心，先后三次到湖南考察调研、一次参加全国人大湖南代表团讨论，对湖南作出"一带一部""精准扶贫""三个着力""守护好一江碧水"等系列重要指示，特别是赋予湖南"三高四新"战略定位和使命任务，为湖南发展指明了方向、擘画了蓝图。

十年来，湖南省委、省政府坚持以习近平新时代中国特色社会主义思想为指导，深入贯彻习近平总书记对湖南重要讲话重要指示批示精神，团结带领全省各族人民牢记嘱托、砥砺前行，奋力建设社会主义现代化新湖南，努力把习近平总书记为湖南擘画的宏伟蓝图变成美好现实，交出了一份让党中央放心、全省人民满意的答卷。

为全面总结新时代这十年湖南实践成就，展现全省人民的美好幸福生活，讲述湖南故事，彰显湖南形象，向党的二十大献礼，我们组织编写了本书。本书由《新湘评论》杂志社社长、总编辑任晓山主编，统筹提出整体框架，张勤繁、刘骄、吴金负责具体编写。各章写作分工如下：乡恋、城事、笑脸，刘骄；连通、创新，张勤繁；开放、多彩、生态，吴金。书稿完成后，进行了多次修改补充，全书最后由任晓山统稿审定。

本书在编写过程中，得到了湖南省委宣传部有关领导的大力支持，参考和引用了新华社、国家统计局、湖南省统计局、《湖南日报》、红网、《潇湘晨报》等机构与媒体的相关报道、统计数据和影像作品，在此一并致谢！由于时间关系，书中个别图片暂未联系到著作权人，我们将继续联系，也请相关单位或个人与我们接洽处理。

编　者

2022年10月

图书在版编目（CIP）数据

我们湖南这十年 / 任晓山主编；张勤繁，刘骄，吴金著. 一长沙：湖南人民出版社，2022.10
ISBN 978-7-5561-3008-5

Ⅰ．①我…　Ⅱ．①任…②张…③刘…④吴…　Ⅲ．①社会主义建设成就—湖南　Ⅳ．①D619.64

中国版本图书馆CIP数据核字（2022）第122438号

我们湖南这十年
WOMEN HUNAN ZHE SHI NIAN

主　　编：任晓山
著　　者：张勤繁　刘　骄　吴　金
出版统筹：黎晓慧　陈　实
监　　制：傅钦伟
产品经理：潘　凯
责任编辑：潘　凯
责任校对：陈卫平
装帧设计：陶迎紫　谢俊平

出版发行：湖南人民出版社［http://www.hnppp.com］
地　　址：长沙市营盘东路3号　　邮　编：410005　　电　话：0731-82683346

印　　刷：湖南天闻新华印务有限公司
版　　次：2022年10月第1版　　　　　　　印　次：2022年10月第1次印刷
开　　本：787 mm × 1092 mm　　1/16　　印　张：18.75
字　　数：190千字
书　　号：ISBN 978-7-5561-3008-5
定　　价：88.00元

营销电话：0731-82683348（如发现印装质量问题请与出版社调换）